« *La première entreprise que Dieu te donne c'est ta famille* »

Carine Thérèse NDOM

Carine Thérèse NDOM

Si mes parents pouvaient savoir ce
que je pense…

MA PREMIÈRE FOIS

Comprendre vos enfants pour mieux
les éduquer

ISBN 978-2-492815-00-3

Accompagnement et édition par :
Victoire MN, France.
www.victoiremn.com

Couverture : Ara Media Light

Images : https://fr.123rf.com

univers-parent-ado@yahoo.com

www.univers-parent-ado.com

Tél : (+237) 695382972

+237 679409602

Cameroun, Afrique Centrale

Facebook : **La Tata des Ados**

YouTube : **La Tata des Ados**

A toi, mon fils DELAGRÂCE.

TABLE DES MATIÈRES

REMERCIEMENTS

Merci au Très Haut qui est ma Source, et qui a disposé favorablement à tous égards les moyens et les ressources nécessaires pour la réalisation de cette œuvre.

Ma gratitude à l'endroit de mon incontournable éditrice Victoire MN, qui a bravé monts et vaux pour la production de ce livre. Sa passion et son professionnalisme ont été remarquables pendant la production de ce livre.

A ma présidente, Marthe Carine NJAKOU, qui est le début de mon inspiration. Ses encouragements et son dynamisme m'ont servi de carburant.

Au coach William DJAMEN, qui m'a permis de comprendre le langage de la destinée. Sa formation des talents m'a permis de découvrir mon talent et m'a conduite à la rédaction de cette œuvre.

A L'ONG Faiseurs d'Exploits International (FDE), au sein de laquelle j'ai rencontré des personnes magnifiques qui ont apporté une plus-value dans la découverte de ma mission de vie.

A mes parents, pour votre amour indéfectible, ainsi que votre soutien spirituel et moral .

A mes frères et sœurs, pour votre affection, votre présence et vos précieux conseils.

A mon cher et tendre, pour ton soutien inconditionnel et illimité.

Tout commence par un constat à l'issue de l'observation de la société autour de nous, de l'état de la famille, de l'éducation des enfants dans les sociétés africaines et ailleurs. Le constat est clair : les valeurs morales qui disparaissent, les enfants qui s'adonnent de plus en plus dans les contre-valeurs, les comportements à risques qui gagnent du terrain (alcool, drogue, sexualité précoce…), les parents qui sont de plus en plus occupés à chercher de l'argent au détriment de l'éducation de leurs enfants, etc. Face à cet état des lieux, je m'interroge ; oui, je me demande qui est la relève ? Qui éduque vraiment nos enfants ? Les parents sont de plus en plus absents, papa va travailler, maman va travailler, qui éduque vraiment nos enfants ? Est-ce la ménagère ? La télévision ? Les réseaux sociaux ? Les voisins ?

Le quartier ? Les amis ? La rue ? Qui éduque réellement le fer de lance de la nation ? Il y a vraiment lieu de se poser ces questions. Et plus encore, je me demande si les parents ont conscience des besoins qu'ont leurs enfants à chaque stade de développement de leur vie.

Pour avoir été auprès des adolescents pendant une certaine période de ma vie, lorsque je rédigeais mon mémoire sur l'estime de soi des adolescents, je me suis rendue compte à quel point ils ont besoin d'être aimé, écouté et rassuré. Je passais mes journées avec eux, à les écouter, à les comprendre, à les conseiller. En démarrant le travail avec ces enfants, j'étais loin d'imaginer leurs frustrations quotidiennes. J'allais pour un travail scientifique, pour faire des entretiens avec eux, car ils faisaient partie de mon échantillon. Grande fut ma surprise de découvrir à quel point ils constituent une catégorie d'enfants vulnérables et sensibles. Je vous assure, **être un adolescent c'est toute une histoire !** Leurs malaises viennent à 70% de leur domicile familial. Hé oui ! Nous parlons bien du climat familial : les conflits parentaux, les familles recomposées, les familles monoparentales et les foyers polygamiques… Cela pourrait vous surprendre, mais ne vous inquiétez pas, je vous expliquerai progressivement le HOW et le WHY ?[1] D'où mon idée d'écrire ce carnet qui a pour but d'aider les parents à comprendre qui sont leurs enfants à cette période de leur croissance et ce qui se passe dans leur vie en tant qu'adolescent. Comprendre tout cela, vous permettra en tant que parent de les accompagner efficacement.

La famille étant la base de l'éducation dans la société, si elle échoue, la société a échoué. Comment pensez-vous que si un individu n'est pas épanoui en famille, il le sera dans la société ? Il ne sera épanoui nulle part. C'est à la maison que l'enfant acquiert ses premières valeurs, c'est à la maison qu'il se construit ; la famille, notamment les parents, sont le modèle que l'enfant va reproduire. Françoise DOLTO affirme à ce propos que *« les enfants sont les symptômes des parents »*. Même si plusieurs autres facteurs externes influencent le comportement de l'enfant,

---

[1] Le Comment et le Pourquoi ?

il faut d'abord traiter le problème dans la famille, parce que la famille demeure la source. Comme j'aime souvent le dire, **le développement de l'Afrique se fera avec la stabilité des familles.** Le schéma ci-dessous présente le modèle idéal de famille tel que le Créateur l'avait pensé. Si chaque membre de la famille joue bien son rôle, la famille se porterait à merveille.

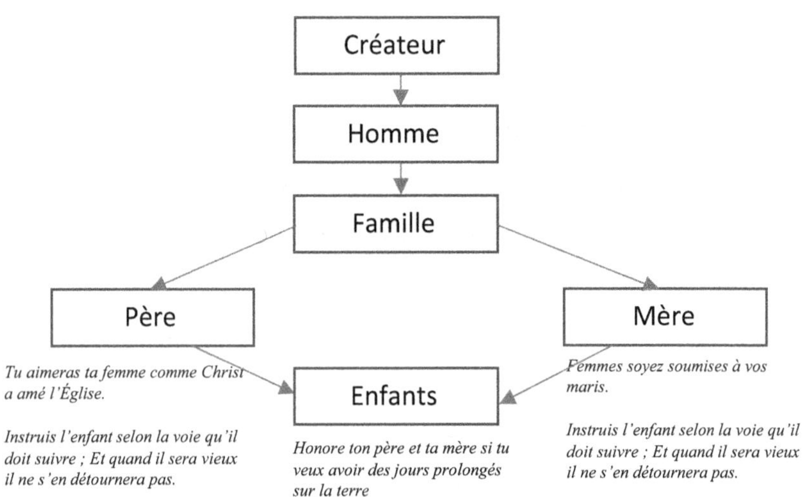

Revenons à l'adolescent dans la famille, qui est un être fragile, qui vit des changements dont lui-même n'a pas la maitrise, mais qui est obligé de les vivre dans un environnement familial hostile.

Un environnement dans lequel les parents sont régulièrement absents, trop pris par le boulot ; ou lorsqu'ils sont à la maison, ils se bagarrent, s'insultent, se traitent de tous les noms ; ou encore ils rentrent très tard, parfois ivres, ou ne rentrent pas tout simplement. Certains parents fuguent de leur propre maison, disparaissent et ne donnent plus signe de vie. D'autres encore sont le sujet de railleries dans le quartier. Face à tous ces spectacles, comme vous le savez si bien les enfants sont présents : ils observent le spectacle, en pleurant, en vous suppliant d'arrêter, d'autres vont chercher du secours chez les voisins. Le lendemain, ils doivent aller à l'école, certains doivent passer des examens. Ils ont honte de sortir au quartier, honte du regard des autres…ça chuchote partout *« son père a tapé sa mère hier »*. Une fois à l'école, ces enfants ne peuvent pas se concentrer : ils ont sommeil parce qu'ils ont veillé toute la nuit en regardant votre spectacle, ils ne suivent pas les cours, leur esprit est à la maison, le cœur bat fort, très fort… Ils se demandent quels dégâts trouveront-ils à leur retour ?

Voilà à quoi ressemble le climat familial dans plusieurs foyers de nos jours. Et l'adolescent doit subir tout cela, en plus de la quête de son identité qui n'est déjà pas chose facile pour lui. J'en sais quelque chose.

Après les cours, vos enfants ne veulent pas rentrer à la maison, ils vont chez leurs amis. La plupart deviennent des proies, puisqu'ils sont vulnérables, et comme les prédateurs savent le ressentir, ils jouent aux consolateurs. Beaucoup de jeunes tombent entre leurs griffes uniquement parce qu'ils se trouvent au mauvais endroit ; ils ou elles se font violer, d'autres sont initiés à la drogue, à l'alcool, etc. Sachez-le, c'est dans l'adolescence que la plupart des individus commettent les pires bêtises. Ce qui est dangereux, c'est le fait que ces blessures les suivent jusqu'à l'âge adulte. Plus tard , vous êtes étonné que vos filles ne se marient pas, d'autres font de mauvais mariages, vos garçons ne vous présentent jamais une copine…Cela est parfois dû à beaucoup trop de blessures et de frustrations accumulées durant cette période de leur vie, et dont vous n'avez jamais été au courant. Parfois même les parents ne font pas le lien avec le passé, et les jeunes non plus.

La plupart des premières fois se passent quand on est ado : premier baiser, premier amour, premier rapport sexuel, première sortie entre copains, première fois de découcher, de fumer, de boire de l'alcool…d'où le titre de ce livre « **Ma première fois** ». Les parents, en tant que responsables de l'éducation des enfants doivent comprendre chaque stade du développement de leur progéniture ; encore plus celui de l'adolescent, qui à mon avis, est le plus délicat.

Mais malheureusement, être un bon parent ne s'apprend pas à l'école, ni ailleurs, on devient parent et on apprend à l'être. Je dirais même que c'est le métier le plus compliqué au monde ! Or, ce métier, contrairement aux autres n'a point de centre de formation. Chacun fait comme il peut , et « ça donne ce que ça donne ». Observez juste le taux de dépravation dans la société : un relâchement remarquable dans l'éducation des enfants est visible. Nous parlons ici d'un manque de savoir-faire, de l'ignorance des méthodes d'encadrement des enfants. Les parents sont de plus en plus dépassés et démissionnaires.

L'objectif de ce livre est de vous aider en tant que parent et futur parent à comprendre la phase d'adolescence, ce à quoi vos enfants peuvent être confrontés (témoignages), devenir plus proches de vos enfants pendant cette période, car ils ont plus que jamais besoin de vous. Il vous permet également de pouvoir anticiper sur les pratiques éducatives pour ceux qui sont en préadolescence. Le livre de la Sagesse le dit si bien : *« Instruis l'enfant selon la voie qu'il doit suivre; Et quand il sera vieux, il ne s'en détournera pas ».*[2]

Ce livre s'adresse également aux adolescents qui sont actifs sexuellement ou non, afin que vous sachiez quand commencer et où s'arrêter.

A tous les éducateurs, tuteurs, nourrices, ainés, ce livre est pour vous. Vous vous reconnaitrez certainement dans ces témoignages à votre âge

---

[2] Proverbes 22 :6, Bible version Louis Segond.

d'ado. Ce livre changera votre manière de traiter vos enfants adolescents, il vous outillera, et vous permettra d'anticiper sur la période d'adolescence des plus petits. Vous comprendrez comment ils fonctionnent, leurs besoins, leurs problèmes et vous serez leurs amis. Je déclare et je décrète que ce sera le cas !

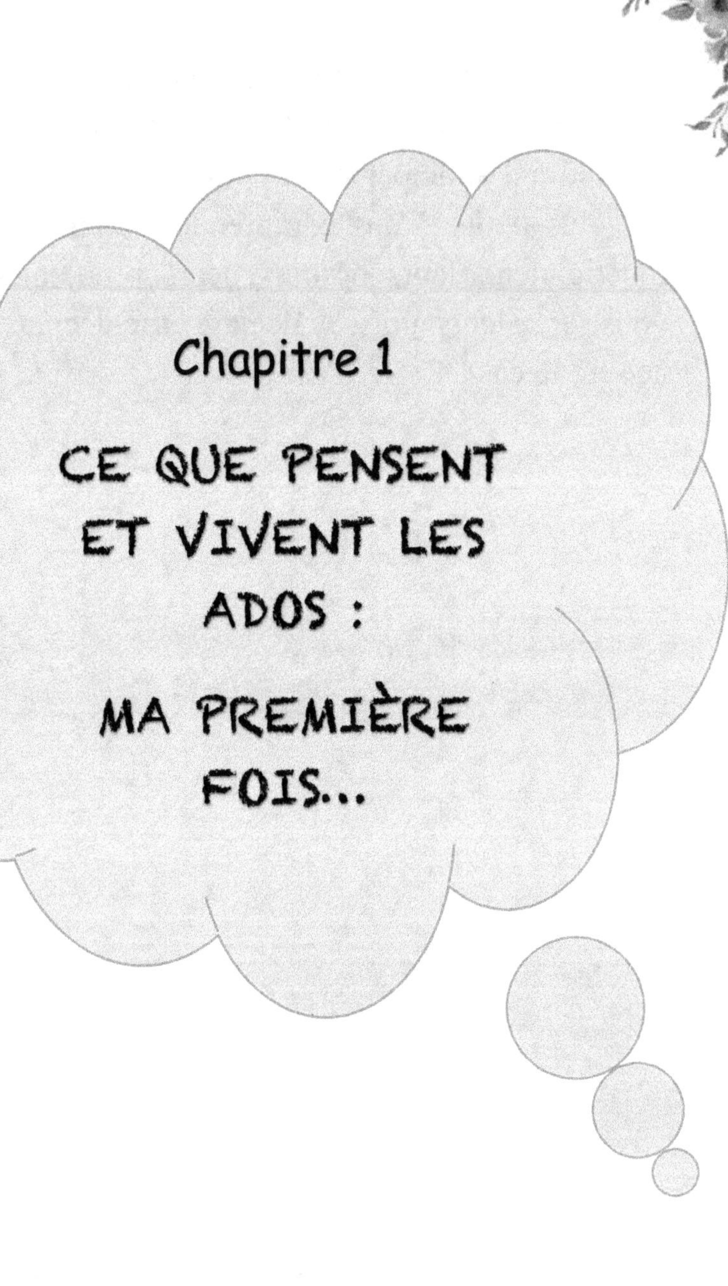

Chapitre 1

CE QUE PENSENT ET VIVENT LES ADOS :

MA PREMIÈRE FOIS...

Les adolescents mal encadrés ou pas encadrés du tout par leurs parents dans leur phase de croissance, sont affaiblis face au monde extérieur. Ils ont des questions, des envies et des pulsions auxquelles ils devront tout seuls chercher et trouver des solutions. Ici, interviendra alors l'influence des amis et des rencontres qu'ils feront à l'extérieur de la maison. Cette influence peut certes être positive mais dans la forte majorité des cas, elle sera négative.

Si les parents prenaient plus de temps avec leurs ados et/ou appliquaient les bonnes méthodes, ils sauraient ce qu'ils traversent et pourraient leur donner de meilleures orientations.

Je vous invite à rentrer dans la tête de quelques adolescents : réalisez ce qu'ils pensent, traversez avec eux leurs expériences, en particulier leur première fois. Vous découvrirez leur histoire sans tabou, avec leurs mots et leurs ressentis.

Ma première fois - 1er témoignage

Vous n'allez pas le croire, j'avais 22 ans lorsque j'ai eu ma première expérience sexuelle. J'avais 15 ans lorsque je suis tombée amoureuse pour la première fois. J'étais une jeune fille posée, de famille chrétienne. Je connaissais toutes les valeurs que mes parents m'enseignaient (respect des parents, honnêteté, travail etc.). Mes parents étaient présents et rigoureux. Avec eux nous pouions juste parler d'école et rien d'autre. Ils n'étaient pas ouverts aux discussions telles que parler d'un petit ami, pire encore de la sexualité. Un seul mot d'ordre *« l'école sera ton premier mari »*. Ils n'avaient pas fait de longues études, mais ils souhaitaient de tout leur cœur que leurs enfants soient meilleurs qu'eux. Ils m'ont montré le chemin de l'église. J'ai fait la catéchèse et j'ai été baptisée. J'ai appris à connaitre Dieu, et je pratiquais ses principes. J'aimais lire la Bible, je me ressourçais vraiment en elle. Je participais même aux activités de l'église afin d'être entourée des jeunes de ma génération qui ont la crainte de Dieu.

A l'école, mes études ne souffraient de rien, car je n'avais redoublé aucune classe. J'avais très peu d'amies, une ou deux par là. Nous marchions ensemble, car nous étions pareilles (aucune expérience sexuelle). Mais très vite, elles ont rencontré leurs petits amis avec qui elles sont passées à l'acte. Depuis ce jour, tout a changé, leur langage a également changé, elles me disaient : *« Ah ! Est-ce que c'est le savon ? Ça ne finit pas*[3]*...Un jour, un jour tu vas aussi donner, tu crois que tu vas caler fermée*[4] *? »*. Nous avions 18 ans à cette époque.

Je me sentais trahie, car nous nous soutenions les unes les autres et elles avaient eu leurs premiers rapports sans m'en parler. Ce que j'avais

---

[4] Façon de parler locale qui signifie : *« ton sexe n'est pas un savon, il ne diminuera pas à l'utilisation comme le fait le savon après un bain. Tu peux avoir librement des rapports sexuels sans t'inquiéter de quelques effets que ce soit. Un jour, tu finiras bien par céder et coucher avec un homme, penses-tu que tu resteras vierge pour toujours ? »*.

retenu de leur histoire, c'est que l'acte en lui-même fait mal me disaient-elles, et surtout cette partie où elles me disaient *« le sang a coulé »*, Oh Dieu seul sait comment ça m'effrayait ! Par conséquent, je m'enfonçais vraiment dans la Parole de Dieu, pour ne pas laisser ces choses m'intoxiquer. Ainsi, notre relation se détériorait, car nous n'avions plus les mêmes priorités. Par exemple, lorsque nous devions rester à l'école réviser, toutes mes deux copines allaient en rendez-vous avec leurs petits amis. Je me sentais seule.

J'ai connu à mon tour deux flirts, et la première condition était qu'on n'y touche pas. Vous savez bien de quoi je parle (on se comprend).

Les garçons m'intéressaient bien sûr, et comme je vous ai précisé plus haut, j'ai été la première fois amoureuse à l'âge de 15 ans. Yaya, m'aimait aussi beaucoup d'ailleurs. Nous avions le même âge. En résumé, nous étions naïfs, c'était pur et sincère et la seule chose qu'on avait fait c'était un seul bisou. Ne rigolez pas, c'est vrai en plus, car on avait tous les deux peur de l'inconnu. Quand j'étais face à lui, mon cœur battait très très fort, et de son côté, je le sentais vibrer. Mais nous nous regardions pendant longtemps et ensuite rien, puis il me disait « bonne nuit ». Il faut bien souligner qu'il était d'une bonne moralité, il avait reçu une très bonne éducation de ses parents, un peu comme moi, quoi. Donc, nous avions tous les deux la crainte de décevoir nos parents. La distance nous avait malheureusement séparés, car j'y allais juste pour les vacances.

Je fais la rencontre d'un autre jeune garçon aussi mignon que le premier. Ha ouiii !...Ma particularité c'était de tomber sur des mignons garçons sans vraiment faire trop d'efforts. La vérité c'est que jusqu'ici je n'ai pas rencontré de laid gars, donc…(lol). Je n'étais pas J-lo[5] hein…Mais j'avais des valeurs et des principes, depuis mon jeune âge ; donc, j'attirais les mêmes personnes. Certains de mes enseignants me faisaient la cour mais je refusais, car j'étais toujours amoureuse de mon premier.

---

[5] Jennifer Lopez

Au lycée, les garçons me disaient que je suis trop dure (ha ha !). Mais bon, je tenais beaucoup à mon image, je n'aimais pas me retrouver dans des histoires sales. J'étais très discrète.

Revenons sur mon deuxième copain. La rencontre s'est faite par le biais d'un cousin, juste après mon bac. Je suis une ado de 20 ans déjà. Je le trouve très bien éduqué, plutôt très stable dans ses émotions, respectueux et super à l'écoute. Il pouvait m'écouter parler pendant des heures, sans me juger. Il avait une patience comme personne ! Je ne pouvais que tomber amoureuse de lui. Il avait d'ailleurs tenu deux ans sans me demander de…

On essayait à chaque fois, tellement j'avais peur, il s'arrêtait tout de suite et me disait : *« tu n'es pas prête mon bébé, alors je ne continue pas…Je refuse de te faire mal…Je veux pas te faire pleurer… »* (c'est doux n'est-ce pas ?) . C'est aussi lui le premier homme à me dire que j'étais la femme de sa vie et qu'il allait payer ma dote à 6 millions de Fcfa. J'étais convaincue que c'était Dieu qui l'avait mis sur mon chemin.

Malheureusement, c'était aussi une relation à distance car, il fréquentait à l'Université dans une autre ville. Ainsi, à un moment donné, il a rencontré une autre fille. Je n'ai pas pu supporter la trahison et ce fut la fin de notre belle histoire d'amour ! Cela faisait très mal, mais bon…

Étant en fac, j'ai fait des rencontres plus importantes et je voyais l'amour différemment. C'était un milieu où les jeunes filles sont à la mode, fashion, stylées[6]. Je devenais de plus en plus exigeante et intéressée par autre chose que l'amour. J'ai cessé de me contenter de ce que mes parents me donnaient et à ce moment-là, mon regard commença à se poser sur une autre catégorie d'hommes : les hommes mûrs[7] ayant un certain statut social, et pour la plupart mariés. Mes jeunes sœurs qui le font aussi savent de quoi je parle… Je vous épargne donc les détails.

Mais, je puis vous garantir que la première fois avec l'homme marié, j'avais compris que j'ai choqué Dieu. Peut-être que je l'avais déjà blessé

---

[6] Stylées : elles ont du style, s'habillent de façon chic
[7] Homme mûr : homme d'un âge avancé

avec les relations précédentes, mais c'est cette fois là que j'en ai vraiment pris conscience et depuis ce jour, je me sentais tellement coupable que j'ai fuis sa face, j'ai fui l'église, j'ai fui la Bible.

J'ai continué ma vie, mais ma conscience me tourmentait tellement ! Le diable m'a aidé à croire que *« qui a bu boira [8]»*. C'est ainsi que je suis allée de relation en relation, d'hommes mariés à hommes divorcés, d'hommes fiancés à hommes veufs. On dirait que j'avais l'étiquette de « petite » ou encore « tchiza[9] » sur mon front. Je n'attirais que cette catégorie d'hommes. Je vous assure, j'étais sous un véritable joug. Ils me gavaient d'argent, mais je faisais semblant, je n'avais pas la paix, je n'en n'ai jamais eu. Ni l'argent, ni les « brésiliennes[10]», les vêtements, parfums et téléphones de marque ne m'ont procuré cette paix.

---

[8] Expression qui signifie que dès lors qu'on a déjà fait quelque chose ou goutté à quelque chose, on le refera ou on en remangera.

[9] Tchiza est une expression locale pour dire maitresse, celle qui sort avec un homme marié.

[10] Les mèches brésiliennes

Aujourd'hui encore, je me questionne sur ma vie Tout cela, mes parents ne l'ont jamais su. Je gérais seule. Bref, ma vie amoureuse, ils n'en savaient rien, et ils ne voulaient pas savoir parce qu'ils n'ont jamais posé de question. C'est là leur erreur, c'est sur ce point que je leur en veux. Je me dis que s'ils avaient abordé le sujet, j'aurais encore résisté longtemps et peut-être jusqu'au mariage.

Alors, si je peux me permettre de donner quelques conseils, je commence par dire aux parents : chers parents, nous avons besoin de vous à cet âge, de votre affection, de votre présence, d'apprendre de votre expérience.

Ensuite aux ados comme moi : cherchez vos priorités d'abord, qui à mon avis sont vos études. Évitez d'imiter les autres, la mode. Ayez des projets, les amis.

La facilité a un prix, vous comprenez de quoi je parle mes chéris (es). Je sais qu'il y a beaucoup parmi vous, qui sont comme enchainés (es) dans des relations toxiques, des relations où on vous dénigre, vous insulte, vous menace, des relations dans lesquelles vous cherchez juste à avoir quelque billets d'argent, mais non ! C'est trop facile ! Concentrez-vous sur vos études ! Ou préférez-vous d'abord que je vous laisse vous brûler pour mieux comprendre ? J'espère que le volume était bon[11]…

Ma première fois - 2ème témoignage

« Je l'ai fait pour me sentir enfin homme comme mes

amis »

Mes amis m'appelaient « le boutonnier ». En classe de seconde à 17 ans, tout le monde avait des copines sauf moi. J'avais tellement de boutons sur le visage au point que j'avais honte. Lorsqu'on faisait les jeux « Action ou Vérité »[12] avec les camarades en classe, aucune fille ne voulait me faire le bisou, même lorsque c'est moi qui

---

[11] Expression qui signifie « j'espère que je me suis bien fait comprendre ».

[12] Ce jeu consiste pour les participants à s'engager à dire la vérité sur une question posée ou à exécuter une action demandée.

remportais la partie, juste à cause de mes boutons. Je vivais cela comme une frustration, j'étais moins sollicité que mes amis. Ils faisaient facilement la cour aux filles, et moi j'avais toujours peur de faire le pas. Je craignais que personne ne m'accepte. Nous étions un groupe de quatre garçons et mes amis m'humiliaient toujours. Lorsque je voulais me défendre, ils me rappelaient mes gros boutons sur le visage et je perdais mes moyens.

En réalité, le fait que mes amis m'humilient devant les filles n'était que la cerise sur le gâteau. Je vivais déjà quelque chose d'assez difficile qui me rongeait, j'étais mal dans ma chair. Je ne pouvais le raconter à personne, ni à mes parents, ni à mes frères et sœurs, encore moins à mes amis, vraiment à personne. Je me rends compte que mon cas était différent lors des ballades avec mes amis. Je vous l'ai dit plus haut, j'appartenais à un groupe d'amis, et qui dit groupe dit règles ! Au sein du groupe, il y a toujours un leader, celui qui est plus fort de caractère, il réussit à s'imposer et il dicte les règles aux autres, un peu comme « Jésus et ses disciples ».

Parmi nos multiples activités, nous avions pour habitude de nous retrouver tous les mercredis chez l'un de nos amis pour les jeux vidéo, ensuite un film pornographique, c'était le *« Wednesday Porn »*. Pendant ces séances, nous ressentions naturellement des pulsions. Nous voyions des hommes nus avec une taille de sexe volumineuse. Le but était de ne pas être nul lorsqu'on allait le faire pour la première fois, donc c'était un peu comme notre période d'entrainement. A chaque fois que je rentrais, je me regardais et je me posais des questions : *« pourquoi le mien est-il si petit ?[13] »*

Les séances se répétaient tous les mercredis et je comprenais que j'avais un problème. J'étais curieux de voir la taille du sexe de mes amis pour savoir si le mien était normal. Un jour, l'occasion se présenta.

Nous avions organisé une piscine party et chacun devait contribuer une somme d'argent. En plus d'être celui qui avait le visage le plus moche, rempli de boutons, mes parents étaient pauvres. Je

---

[13]Pourquoi mon sexe a-t-il une si petite taille ?

ne voulais pas être le dernier du groupe à cotiser. Je savais que mes parents n'avaient pas assez d'argent, mais je vivais une autre réalité à l'école. Je devais absolument sauver la face. C'est ainsi que pour la toute première fois, j'avais volé l'argent de mon père pour contribuer. Je voulais que mes amis me respectent, je voulais qu'ils arrêtent de se moquer de moi, j'étais fatigué de leurs railleries. Hé oui ! J'avais réussi pour ce coup-là ! J'ai volé une modeste somme de 45.000 Fcfa pourtant la contribution était de 5000 Fcfa J'ai versé une participation de 15.000 Fcfa et pour la première fois j'ai gagné le nom de « boss ». Mes camarades m'ont respecté pendant tout ce mois-là car avec le reste des sous je les invitais à la cantine.

En ce qui concerne ce qui s'est passé à la piscine ce jour-là, j'observais mes amis en maillot de bain et je me rendais compte que j'étais le plus plat[14]. Cela m'avait davantage frustré. A qui allais-je en parler ? Je gardais ma frustration au

---

[14] Cela signifie que le devant de son slip était moins volumineux que celui de ses amis, donc leur sexe était plus volumineux et par conséquent de plus grande taille que le sien.

plus profond de moi. A la maison, mes parents et moi communiquions très peu. Nous parlions uniquement de l'école, l'église, Dieu a dit ceci, la Bible a dit cela. Mes frères et sœurs paraissaient tous comme des saints d'église, pourtant je savais qu'ils avaient des copines. La sexualité était un sujet tabou chez nous. Je n'avais donc pas d'autres choix que d'apprendre à l'extérieur.

Le temps passait, et dans mon groupe d'amis, on avait décidé que chacun aurait une copine en trois mois. Le challenge était lancé, il était temps de mettre en pratique tout ce que nous avions appris lors des *wednesday porn*. Je ne savais pas où commencer, conquérir une fille, avec ce petit truc que j'avais entre mes jambes, non ! non ! J'étais persuadé que tout le monde allait trouver une petite amie, sauf moi. Au bout de deux mois, tous mes copains avaient déjà leurs copines. Moi j'étais toujours seul, je songeais à faire ma première tentative avec un peu d'argent, histoire de mettre la jeune fille qui m'intéresserait en confiance, mais malheureusement pour moi depuis que j'avais volé l'argent de mon père, il avait décidé de ne plus jamais garder l'argent à la maison. J'avais longuement réfléchi sur la stratégie à adopter, mais rien. Mes amis me demandaient sans cesse *« ta go es où type ?* [15] *»,* je me sentais ridicule.

La prochaine étape après avoir conquéri les copines était de coucher avec elles le plus tôt possible, et le premier à le faire devait passer leader du groupe. Pour cela, il devait nous ramener une vidéo comme preuve. Quelques mois plus tard, les gars ramenaient des vidéos de leurs exploits, je ne sais pas comment ils réussissaient à convaincre leurs copines d'accepter la vidéo pendant le rapport sexuel, je trouvais cela très osé. Tous nos moments étaient meublés désormais de leurs expériences entre les quatre murs. Cela donnait vraiment envie d'essayer. Ils ont commencé à m'appeler « le mboutman[16] » juste parce que je n'arrivais pas à me trouver une copine. J'ai accepté ce nom, bétta[17], je ne pouvais

---

[15] Cela signifie « où est ta petite amie gars ? ».
[16] Mboutman signifie le nul, le faible, le lâche, l'incapable
[17] Bétta, prononciation locale du mot « better » qui signifie mieux

pas leur dire ma frustration. Non ! Non ! impossible !

De plus en plus les expériences de mes amis me plaisaient, je ressentais également le besoin d'essayer, et cette envie grandissait jour après jour, au point où je faisais des rêves où j'étais en train d'avoir des rapports sexuels avec une fille.

Je me souviens alors que parmi nos séances de *wednesday porn*, le rapport sexuel ne se pratiquait pas qu'à deux. Alors un soir dans la douche, j'ai essayé la première fois, oui, tout seul, je voulais faire sortir ce liquide blanc, que je voyais dans les vidéos, et ressentir ce goût dont mes amis me parlaient. Je l'avais fait ce soir-là, puis un autre soir, puis un autre encore. J'étais devenu dépendant de cet exercice, de la masturbation. Je n'ai jamais dit à personne, je ne peux pas en parler à mon entourage. Si vous me demandez ce que je ressens quand je le fais, je vous dirai que c'est juste pour me libérer. Même si je le fais seul, je sais quand même que quelque part je suis un homme comme mes amis. Je savais que la masturbation est un péché, mais je l'ai fait pour me convaincre que je peux. Je n'arrive pas à arrêter, je ne sais pas quand je vais m'arrêter…

Ma première fois - 3ème témoignage

« Il était question que je lui prouve mon amour »

A la base, j'ai toujours été une personne très calme, timide et très réservée. Je ne parlais pas beaucoup et je m'exprimais toujours sur le papier. Alors, la rentrée scolaire approche et comme d'habitude, je serai dans une nouvelle classe avec de nouveaux camarades. Étant toujours renfermée, je n'avais pas beaucoup d'amis, je peux même dire que je n'en avais pas du tout.

Nous sommes à l'année scolaire 2014/2015, l'école a bien commencé. Un jour, pendant que je trainais au balcon, pas loin de ma classe, j'ai aperçu un beau garçon sur qui j'ai directement « flashé »[18]. Il s'est approché de moi et m'a demandé un renseignement, puis il est reparti. Il était dans la classe voisine. Je l'observais à chaque

---

[18]Avoir le coup de foudre

recréation pour en savoir plus sur lui. Mon cœur battait très fort à chaque fois que je le voyais. Mais lui ne m'avait pas forcement remarquée.

Je décide un jour de parler à son ami qui était mon voisin du quartier pour lui faire part de mes sentiments. Il me passa son contact et je lui écrivis le même soir. Je me suis présentée et je lui ai envoyé une série de poèmes. A cette époque, je ne savais pas espacer les mots quand j'écrivais sur le téléphone. Mes mots étaient incompréhensibles, je l'ai su parce que celui à qui j'écrivais en a parlé à son ami qui m'avait fait un retour. Il m'a donc appris à espacer chaque mot et j'ai commencé à amener mon téléphone à l'école. Quelques jours plus tard, on me vola mon téléphone. L'année scolaire touchant à sa fin, je devais passer mon examen en classe de 3ème (le BEPC[19]).

L'année qui suivait, nous avons déménagé pour un nouveau quartier. J'ai fait la rencontre d'une amie à qui j'ai fait confiance rapidement. Je lui ai donc raconté mon histoire amoureuse. Elle me demanda le numéro du mec. Je pensais qu'elle voulait m'aider à le conquérir mais grande fut ma

---

[19] Brevet d'Études du Premier Cycle

déception ! J'ai ressenti la pire douleur de ma vie ! En fait, ils ont commencé à sortir ensemble. De toute ma vie je n'avais jamais eu autant mal ! Même le deuil de ma grand-mère qui m'a élevé ne m'avait pas fait autant mal !

Quelques mois plus tard, la fille en question était venue s'excuser en ces termes *« ce sont les choses qui arrivent ».* Qu'allais-je faire ? Je ne pouvais que vivre avec son bonheur qui était mon malheur. Parfois, je l'accompagnais le voir. J'avais mal dans ma chair, mais qu'allais-je faire ? Le temps passait et j'avais toujours mal.

L'année qui suivait, j'entame mes 16 ans en classe de Première. Jojo, le mec donc j'étais tombée amoureuse deux ans avant avait enfin eu de l'attirance pour moi, du moins c'est ce que je croyais. Nous nous étions rapprochés l'un de l'autre, nous causions un peu plus. Mon amour pour lui grandissait si bien qu'il y avait une émission nationale pour les amoureux à la radio que je suivais, j'y avais donné son nom et son numéro pour lui dire que je l'aime. Il m'avait donc appelé après avoir reçu mon message. J'étais toute tremblante, émue. Nous étions le 28 décembre 2016.

Le 30 décembre il m'a donné rendez-vous dans l'après-midi chez son oncle. Je me suis lavée, brossée les dents, habillée et parfumée pour le rejoindre. Nous avons parlé de tout et de rien. Il avait 19 ans. Pour lui, il était question que je lui prouve mon amour, je lui ai dit que j'avais honte, je n'étais pas prête, il m'a dit je cite : *« si je te donne du whisky, ça sera un peu lâche de ma part, le mieux c'est que tu te laisses aller »*.

C'est sans risque de me tromper la plus mauvaise expérience de ma vie, aucune douceur, aucune caresse, rien ; juste une pénétration brutale. Quand je suis rentrée, je me suis enfermée dans ma chambre, j'ai pleuré toutes les larmes de mon corps. Je ne pouvais même pas en parler à ma mère. Mon père venait de quitter la maison car il y avait des bagarres tous les jours. Je ne voulais pas en rajouter. Quelques heures après, mon téléphone sonne, c'est mon petit ami, je pensais qu'il voulait savoir comment j'allais. Devinez sa question, il m'a demandé pourquoi je lui avais menti, je ne savais pas quoi répondre. Voici ses paroles *« tu m'a dit que tu étais vierge, pourtant ce n'était pas le cas, c'est vrai que la pénétration n'était pas facile, mais tu n'as pas saigné »*. Je ne savais pas quoi lui dire. C'est après avoir fait les recherches, que j'ai su que l'hymen de toutes les femmes n'est pas pareil, et que oui, c'est possible de ne pas saigner lors du premier rapport sexuel.

Je ne sais pas si j'étais bête, amoureuse ou naïve, mais nous avons eu à entretenir encore deux fois les rapports. Puis, son comportement envers moi est devenu bizarre. Je suis tombée malade, ma mère l'a appris et j'ai dû tout arrêter. Les médicaments que je prenais me fatiguaient tellement, j'avais une infection urinaire. Je l'ai informé, tout ce qu'il a pu me dire c'est que cela ne venait pas de lui, et que si j'ouvre mes jambes à tout le monde c'est mon problème.

Le pire c'est que je croyais que j'étais en couple, pourtant j'étais seule dans mon film. Les mois sont passés, je composais dans quelques jours. J'ai essayé de me concentrer, c'était dur pour moi. Quoi qu'on dise, lorsqu'on aime quelqu'un qui nous déçoit on a très mal. Il m'écrivait rarement, on se voyait uniquement pour le sexe. Cette soi-disante relation a commencé le 28 décembre et s'est achevée en mi-mars. Bien après, je me suis sentie honteuse, comme si on m'avait volé quelque chose de précieux.

Après mûre réflexion, j'ai juste compris qu'il voulait coucher avec ma copine et moi. Il m'avait pourtant dit qu'il avait rompu avec elle, c'était faux. Je m'étais éloignée d'elle bien avant, car elle convoitait tout ce que j'avais.

Deux ans plus tard, ce garçon est revenu présenter ses excuses, je lui ai dit que je ne lui en veux pas, la faute me revient également, mais je ne veux plus avoir affaire à lui. Tout compte fait, je me suis pardonnée moi-même et j'ai demandé pardon à mon Dieu, car c'était vraiment sale.

Si c'était à recommencer, je ne le ferai pas, la virginité d'une femme est le seul vrai trésor qu'elle possède en elle, et comme je dis souvent à ma petite sœur, garde la précieusement, c'est une source de bénédictions, garde-la le plus longtemps possible et pourquoi pas jusqu'au mariage. Aux parents, je dirai que sachez que vos problèmes de couple traumatisent les enfants, ce qui nous pousse à chercher refuge à l'extérieur de la maison. J'en ai souffert, j'en ai vraiment souffert !

Ma première fois - 4ème témoignage

« Je l'aimais et je ne voulais pas qu'il y ait des conflits entre nous »

C'était en 2015, année pendant laquelle tout a basculé dans ma vie. En effet, cette année-là j'avais juste 15 ans, j'étais en classe de 3ème et je vivais avec mes parents. Nous savons tous qu'à 15 ans la jeune fille traverse une période assez critique de sa vie, celle de la « puberté », une période pendant laquelle la jeune fille est en quête d'affection, et c'était mon cas.

Étant donné que je suis l'aînée d'une famille, je n'avais par conséquent personne vers qui me tourner. Alors, je me repliais sur moi-même. C'est ainsi que j'ai fait la connaissance d'un jeune homme en classe de 3ème comme moi, mais qui fréquentait un autre lycée. Il était également un peu plus âgé que moi. Cette rencontre s'est faite bizarrement car on s'est rencontré à travers un téléphone portable qui m'était même interdit.

En effet, à la maison, mes parents ne me permettaient pas d'en avoir jusqu'à l'obtention de mon baccalauréat. Qu'à cela ne tienne, j'avais un téléphone qui m'avait été remis pour jouer le rôle de réveil, mais moi j'y avais mis une carte SIM en cachette. Mes parents me faisant tellement confiance et ne se doutaient de rien. C'est alors qu'un jour j'appelle l'une de mes connaissance. Pendant que nous causons, j'entends une personne dire : *« je suis un célibataire endurci, il n'y a personne pour moi ?»*. Vous l'avez peut-être deviné, il s'agit du jeune homme en question. Quelques heures plus tard, à environ 23 heures, j'ai reçu un message dans lequel il exprimait ses sentiments et à la fin il signa de son nom qui me sembla inconnu. Je l'ai donc appelé à 23 heures exactement car c'est à cette heure que j'ai lu le message. Pendant que nous étions en ligne, je lui ai demandé de se présenter et il le fit. A ce moment-là, ce n'était pas encore l'amour fou mais il y avait déjà quelque chose. Le lendemain, mon père m'a demandé le téléphone. Je n'ai pas eu le temps d'effacer les précédents messages et il les a vus. Il les a montrés à ma mère en lui disant : « *regarde les messages de ta fille* ». J'ai eu chaud ce matin-là avant de me rendre à l'école !

Les jours passèrent, les tensions s'apaisèrent également. Quelques semaines plus tard, je me rendis à l'hôpital où il était interné. Je n'y étais pas allée seule, j'étais avec ma petite sœur, car je ne le connaissais pas vraiment. Lorsque j'ai enfin découvert qui c'était, nous avons un peu discuté. Quelques heures plus tard, c'était le moment de rentrer. Ma petite sœur s'est alors avancée et il m'a retenu en arrière, sous prétexte qu'il voulait me parler. Il m'a dit : « *regarde par-là* » et lorsque j'ai tourné le visage, il en a profité pour m'embrasser. Humm… Drôle, n'est-ce pas ? Un peu comme dans les séries et films Disney. Je l'ai giflé et je me suis enfuie. Ma sœur m'a demandé ce qui se passait, mais j'ai dit que tout allait bien.

Par la suite, j'ai passé presqu'un mois sans lui adresser la parole et un beau jour, j'ai de nouveau décidé de lui parler. Ce jour-là, j'ai prétendu être malade pour ne pas aller à l'école parce qu'il devait arriver à la maison, vu que mon père était allé en mission et qu'il avait l'habitude de rentrer tard. J'ai pris le risque de lui demander de passer à la maison. Malheureusement pour moi, mon père est rentré plus tôt que prévu, c'était la panique totale ! De plus, le jeune homme était assis au salon quand papa est arrivé. Je vous laisse deviner ce qui est arrivé…

Quelques semaines après, j'étais à l'école, c'était un mardi, j'ai pris un billet de sortie faisant croire que je devais me rendre à l'hôpital. C'est ainsi que je suis allée chez lui pour la première fois. Il m'a fait le petit déjeuner, ensuite, nous sommes allés dans sa chambre, on a commencé à s'embrasser et tout d'un coup Bam !!! Il veut aller plus loin… Au départ je n'ai pas accepté, donc il s'est mis en colère, il est allé rester dans leur salon.

Quelques heures plus tard, il est revenu dans la chambre car je m'y trouvais encore, je réfléchissais à ce que je pouvais faire pour le calmer, et je n'avais aucune autre solution exceptée celle de passer à l'acte, car je l'aimais et je ne voulais pas qu'il y ait des conflits entre nous. En effet, étant aussi naïve, je pensais comme toute jeune fille éperdument amoureuse que j'avais trouvé l'homme de ma vie. Je pensais donc qu'il n'était pas nécessaire de lui refuser ce que j'avais de plus précieux « ma virginité ». À cet instant, je n'ai plus pensé à mes croyances et convictions, j'avais tout mis de côté et j'ai cédé. J'ai été très surprise quand j'ai vu le sang couler, j'ai demandé qu'il arrête. Je me suis habillée et je suis rentrée à la maison, mes vêtements étaient tâchés de sang, mais j'ai pu les cacher à tout le monde.

Quelques jours plus tard je devais aller au culte, mais je n'y suis pas allée, car je me disais : *« après m'être souillée de la sorte, je vais prier pour dire quoi à Dieu ? »*. J'ai simulé une maladie et je suis restée à la maison. Je me sentais tellement mal et j'étais dégoûtée de moi-même.

Quelques semaines plus tard, nous nous sommes encore revus. Cette fois-ci c'était chez une amie. En fait, je l'ai croisé là-bas, c'était surprenant mais bon… Je ne me suis pas posée de questions. Mon amie et moi étions supposées étudier, mais je n'étais vraiment pas concentrée. Mon amie l'a remarqué et a demandé qu'on arrête. Ensuite, je suis allée me coucher dans sa chambre. Puis, il est venu me rejoindre. Et là, on l'a encore fait pour la 2ème fois. Ce jour, j'étais consentante et je pense que c'est cette fois-là que mon hymen a vraiment été déchiré. En réalité, cette étape de ma vie a été à la fois bonne et mauvaise. Bonne, parce qu'elle m'a permis de comprendre qu'en fait, que je ne vis pas dans un monde de Bisounours, donc que la vie n'est pas toujours comme dans nos rêves. Mauvaise, parce qu'elle a changé ma vie et cela pour toujours, car depuis ce jour rien n'est plus pareil, j'ai perdu ma virginité...

Néanmoins, après avoir perdu ma virginité, je ne l'ai pas quitté aussitôt, nous avons encore passé quelques mois ensemble. J'avais du mal à le quitter, car je pensais que s'il me quittait, ma vie n'aurait plus de sens. Je me disais : *« qui voudra encore d'une jeune fille ayant perdu sa virginité ?»*. Mais, plus tard j'ai compris que perdre sa virginité étant aussi jeune comme je l'étais ne voulait pas dire que je ne servirais plus à rien.

Ainsi, je me suis concentrée sur ce que je possédais encore : « Ma Dignité » pour pouvoir avancer. C'est grâce à cela que j'ai pu préparer mon examen ensuite et réussir. Je l'ai quitté quelques temps après. Lorsque j'ai rompu, j'ai coupé tout contact avec lui. Je ne voulais plus entendre parler de lui.

Pour vous mes jeunes sœurs, qui êtes encore vierges, j'aimerai vous dire ceci : la virginité, mais pas seulement, votre nudité (corps) également, sont sacrées. Je vous assure que si vous avez cet âge que j'avais à ce moment-là, ou si vous en avez un peu plus, l'homme qui vient vers vous pour vous signifier son amour et vous exige de coucher avec lui avant de vous épouser ne vous aime pas vraiment. En fait, celui qui t'aime respecte tes principes quels qu'ils soient.

De plus, arrêtez de vous faire des idées sur le sujet, vos amis qui sont sûrement déjà passés à l'acte se moqueront certes de vous, question de vous amener à faire de même. Mais rassurez-vous, il y a certes du plaisir à le faire, mais ce plaisir se transforme en amertume lorsque vous vous rendez compte que cette personne n'était pas la bonne. Car, selon moi, et ce que cette expérience m'a appris, il faut être assez mature pour discerner la personne qu'il vous faut vraiment.

N'hésitez pas à parler à quelqu'un de sensé, mature et instruit et surtout qui craint Dieu, pour être sûr de ne pas prendre la mauvaise décision. Parce que si j'avais parlé à une telle personne, je n'en serais peut-être pas là aujourd'hui. Mes parents étaient trop religieux pour parler de ces choses avec moi. Je ne les juge pas, je pense juste que c'est ainsi qu'ils ont aussi été éduqués. Ils me voient toujours comme la petite fille de 7 ans. Pourtant, j'ai grandi et j'ai des besoins : amour, affection, conseils, etc. Et le comble c'est qu'ils ne s'en rendent toujours pas compte.

A celles-là qui ont déjà perdu leur virginité, je dirai juste d'être sage, je ne pourrais vraiment pas me permettre de vous demander d'arrêter, car je sais combien de fois ce n'est pas évident. Alors, soyez juste prudentes car, les rapports sexuels ont un impact énorme sur nos vies. Cet impact peut être positif quand vous êtes avec la bonne personne, sinon c'est le contraire. Alors n'hésitez pas à en parler, de peur de vous tromper.

Ma première fois - 5ème témoignage

« Les autres garçons pourront profiter sans t'aimer,

mais moi je t'aime. »

J'avais 14 ans lorsque le mari de ma tante brisa mon hymen pour la première fois. J'ai grandi avec mes parents jusqu'à l'âge de 13 ans. Mon père est mort exactement à cet âge-là. Étant la seule fille de mes parents, ma tante sollicita de payer mes études. Ma mère n'ayant pas les moyens pour le faire, accepta la proposition de sa sœur. J'ai eu de la peine de quitter ma petite maman car elle devait rester toute seule. Ainsi, l'année de mes 14 ans je vivais chez ma tante et son mari. Elle avait un petit garçon de 5 ans qui allait déjà l'école. Ma tante était infirmière et son mari homme d'affaires. Cela faisait 5 ans qu'elle était mariée et j'entendais dire dans la famille que son couple était le modèle.

La vie chez elle était paisible, jusqu'au jour où son mari me demanda, pendant qu'il prenait son bain, de lui donner sa lame de rasoir qui était posée sur le lit. Je suis entrée et je l'ai trouvé tout nu. Je n'avais jamais vu « ça » en *live*, c'était ma première fois ! Je suis « calée poster[20] », toute tremblante. Il me dit : *« entre, ne crains rien, il est tout gentil »*. Je me suis enfuie dans ma chambre. Ma tante était de garde et son petit garçon dormait déjà. J'ai barricadé ma porte de peur qu'il ne vienne me retrouver. Quelques minutes après, je vois le poignet de la porte bouger, puis rien. J'ai

---

[20] Expression locale qui signifie être immobilisée, paralysée par une émotion vive

dormi sans dormir cette nuit-là, elle fut très longue.

Le lendemain, il ne fit point allusion à ce qui c'était passé. Je n'ai pas eu le courage de le dire à ma tante. Je me suis dite finalement qu'il voulait juste blaguer. Les mois passèrent, et cette année-là j'obtiens mon BEPC. C'est la joie à la maison et c'est le mari de ma tante qui m'offre mon premier téléphone. Il m'apprend à l'utiliser et tout de suite j'y prends goût. Il me dit de lui faire part de tous mes besoins, car il ne peut pas me voir souffrir, il est comme un père pour moi, me disait-il. Un soir, pendant que je suis en train de faire mes devoirs il m'envoie un message que j'ai trouvé un peu déplacé *« je t'ai trouvé très mignonne ce matin »*. Je me suis demandée ce que j'avais mis de spécial, mais rien du tout, juste le même uniforme d'école comme d'habitude. Bien que j'étais confuse, cela m'a fait également comme un petit pincement, comme à toute jeune fille de mon âge à qui on dit *« tu es belle »*.

Quelques semaines plus tard, il propose à ma tante de nous amener en ballade avec mon petit cousin. J'étais toute excitée ! Trop contente quoi ! Nous allons au restaurant, puis prendre des glaces. J'avais remarqué quelque chose : il me regardait toujours droit dans les yeux et il souriait, et bizarrement j'aimais bien jouer à cela. Lors des multiples sorties que nous avons faites, il me gâtait de cadeaux. J'étais devenue la fille chouchou de la maison. J'avais juste remarqué un climat tendu entre ma tante et son mari, ils se parlaient très peu, et je pense que je gagnais plus de place. J'aimais l'attention que le monsieur me portait, il m'avait habitué à cela.

Un jour, le mari de ma tante me laisse un message pour me demander de le rejoindre quelque part, sa femme était de garde à l'hôpital. Je suis allée le rejoindre et je l'ai trouvé tout abattu. J'entre dans la voiture et je lui demande *« tonton pourquoi tu es triste ?* Il me dit *« faisons un tour au bureau je vais t'expliquer »*, il était 18h. Arrivés au bureau, il tombe à même le sol, je viens pour le soulever, il me dit *« Aide moi ! Aide moi à ne plus t'aimer ! Ma chérie je n'en peux plus ! Il faut que tu me dises ce que je dois faire, je suis amoureux de toi ! »*.

J'étais dépassée et me disait : *« le père-ci dit quoi qui sent comme ça[21] ? »*. Mais ça sentait bon…Je frissonnais, je ne savais pas quoi faire ni quoi comprendre ! Il se met à genoux et il me supplie de l'écouter, il me promet de me protéger, et de garder ce secret, il me prend dans ses bras, il me fait des câlins, je tremble…J'ai peur mais je ne dis rien. Au moment d'aller plus loin, je lui dis *« tonton je n'ai jamais fait ça »*. Il me répond *« je sais, laisse-moi t'apprendre, laisse-moi être le premier, je vais faire doucement, c'est mieux que je sois le premier à le faire, les autres garçons pourront profiter sans t'aimer, mais moi je t'aime, je veux te protéger »*. Je lui dis *« nonnnn tonton… ! et tantie[22] ? »* Il me dit *« c'est toi le rayon de soleil de ma maison, laisse tantie où elle est, et vivons notre histoire »*. Je ne sais pas si je l'aimais, je ne sais vraiment pas, j'aimais ses cadeaux, son attention, d'ailleurs qu'est-ce que je connaissais de l'amour ? Je voyais aussi Novelas

---

[21] « tu dis quoi qui sent comme ça ? : langage locale qui signifie qu'est-ce que tu dis qui sent aussi mauvais ? C'est-à-dire des paroles aussi mauvaises et déplacées ?

[22] Signifie la tante

TV…A cet âge les séries nous font rêver, à ma place vous feriez quoi ? la suite dans le tome 2…

Ma première fois - 6ème témoignage

« La nounou m'a tout appris »

Mes parents toujours en déplacement, nous avions une nounou polyvalente. J'étais l'unique enfant à mes parents. Papa et maman étaient régulièrement en voyage d'affaires. C'est la nounou qui m'a presque élevé. Mes parents mettaient tout à ma disposition pour ma réussite scolaire. Je peux dire que je ne manquais de rien, j'étais un enfant à l'abri du besoin. Mes parents me parlaient toujours des grands projets qu'ils envisageaient pour mon avenir sans tenir compte de mes aspirations personnelles. Ils voulaient que je sois un grand médecin. Après mon bac, je devais donc aller poursuivre mes études à l'étranger. Mon père me disait toujours *« si je n'ai pas pu être docteur, mon fils sera docteur »*.

A la maison, j'avais une salle de jeu à ma disposition, on y retrouvait les jeux vidéo, l'ordinateur, les consoles, bref tous types de gadgets et de jeux qui intéresseraient un ado de mon âge, car j'avais 15 ans à l'époque. Mes parents voyageaient beaucoup, par conséquent, ils me ramenaient les dernières sorties des jeux. Cela me faisait énormément plaisir, car j'avais vraiment de quoi me distraire et m'amuser à la maison. Je passais donc beaucoup de temps dans mes jeux et parfois j'invitais la nounou à jouer avec moi. Elle était évidemment plus âgée que moi. Elle avait à l'époque 28 ans.

A l'école, je, n'avais pas beaucoup d'amis, car ma nounou me disait toujours qu'ils viendront profiter de moi ; donc je me méfiais un peu. Mes études se portaient très bien, j'avais de bons résultats et lors du choix des filières en classe de 3ème mes parents sont passés à l'école pour la première fois imposer leur choix. Mes aptitudes m'orientaient dans la série littéraire, et moi aussi j'aimais les langues, mais mes parents ont pris l'engagement devant mes responsables à l'école qu'ils allaient m'encadrer pour la série scientifique. Rappelez-vous, ils voulaient que je sois médecin.

Cela m'avait beaucoup énervé et je pense que c'est à partir de ce moment que la distance s'est davantage créée avec mes parents. Je pense que j'avais le droit de choisir ma filière, mon métier. Je voulais apprendre plusieurs langues, pour devenir plus tard traducteur ou interprète. J'admirais mes enseignants de langues, ils transmettaient les cours avec une telle passion ! Je voulais devenir comme eux. Mais, mes parents ont éteint ce rêve en moi. Ils me disaient que ce métier ne paye pas, que c'est le métier des pauvres, et que si j'allais à « Mbeng »[23] être un grand médecin là-bas, je gagnerai vraiment bien ma vie.

Mon adolescence se passait au calme. Je me rapprochais et me confiais de plus en plus à ma nounou, car elle seule pouvait m'écouter sans me juger, ou crier. Chaque fois que je me sentais mal, je courais vers elle pour trouver consolation. Les années passaient et me voilà âgé de 17 ans. Mes

---

[23] Mbeng : expression locale qui signifie l'Europe

parents avaient promis de célébrer un grand anniversaire pour moi. Je ne sais pas pourquoi ils tenaient à le faire, je n'avais rien demandé. J'avais remarqué que mes parents étaient des personnes qui voulaient toujours faire bonne impression de leur famille à l'extérieur. Je pense qu'ils se préoccupaient plus du regard des autres, ils avaient certes l'argent, belle maison, belles voitures, mais ils n'avaient pas la paix car *« ils avaient des mains sales »*[24].

Quand j'étais enfant, je ne comprenais rien, mais lorsque j'ai grandi, mes parents ont commencé à m'initier lors des réunions à la maison au cours desquelles nous devions tous manger de la viande crue saignante. Lorsque les jours de réunions arrivaient, je devenais le plus malheureux des élèves à l'école. Les gens bavardait dans le quartier et dans la famille et disaient que mes parents sont compliqués[25], certains membres de la familles ne venaient plus à la maison. Organiser des festins tout le temps

---

[24] Avoir les mains sales : signifie faire des pratiques occultes pour être riche
[25] Cela est dit des personnes qui pratiquent la sorcellerie

était donc le moyen de réunir les gens pour faire vivre la maison.

Mon anniversaire approchait et tout c'était passé comme mes parents avaient prévu pour mes 17 ans. J'avais invité deux camarades, tandis que les amis de mes parents avaient rempli la salle. Les artistes importants avaient été invités, le service traiteur, tout ce que vous imaginez dans les fêtes « *des bobos*[26] ».

Avoir mes 17 ans étaient un succès selon mes parents. J'étais devenu un costaud garçon, grand de taille et beau comme mon père. Je m'intéressais aux filles mais je ne faisais pas forcement le pas. Était-ce la peur ? Je ne sais pas. Pourtant j'avais tout pour plaire à une jeune fille.

Je parlais de sexualité avec ma nounou, elle me donnait des conseils, bref, elle était vraiment ouverte. Un jour, lors de nos discussions, nous sommes passés à l'acte, je l'ai fait pour la première fois avec elle. Elle avait en ce moment-là 30 ans, je n'ai pas regretté parce que j'étais en

---

[26] Les Bobos : expression locale qui signifie les riches

confiance. Je voulais découvrir et elle était disposée à le faire, elle avait plus d'expérience, c'était ma nounou, elle m'avait nourri, appris à me laver, à bien me tenir, etc. Elle me conseillait, donc selon moi, c'était logique qu'elle soit ma première fois. On l'a fait jusqu'à mes 20 ans car je suis resté très attaché à elle. Mes parents ne l'ont jamais su. Nous avons gardé le secret. Je pense que c'est depuis cette relation que je suis très attiré par les femmes âgées. C'est la seule conséquence que j'observe pour le moment …

Chapitre 2

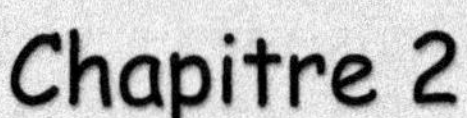

QUI EST L'ADOLESCENT ?

Il est fondamental cher parent, cher lecteur, de comprendre réellement qui est l'adolescent, et de le comprendre bien avant l'adolescence.

Qu'est-ce que l'adolescence ?

L'adolescence est une phase du développement humain physique et mental qui se produit pendant la période de la vie humaine s'étendant de la puberté jusqu'à l'âge adulte.

Qui est adolescent ?

Sur le plan biologique, l'OMS (Organisation Mondiale de la Santé) définit les adolescents comme étant les jeunes de 10 à 19 ans. Mais selon d'autres scientifiques, la période transitoire entre l'enfance et l'âge adulte pourrait aller jusqu'à 25 ans. On parle toutefois très rarement d'adolescents mais plutôt de jeunes adultes.

La psychologie de l'adolescent est une discipline dont l'objectif est de comprendre le processus de pensées et les comportements de l'adolescent, son développement psychologique et ses problèmes éventuels, nous apprennent qu'avec l'entrée de la puberté, les changements physiques, comme la maturation des organes sexuels, la poussée de croissance et la maturation du cerveau, accompagnent des changements cognitifs, affectifs et sociaux. Nous allons le reformuler en français plus simple, parce que mon objectif est que vous reteniez bien cette partie avant qu'on avance.

En fait, la psychologie de l'adolescent nous explique que l'adolescent développe sa capacité à penser et à raisonner de manière plus efficace et scientifique. Il développe son propre jugement moral. C'est à cet âge-là que les relations avec les pairs (amis) prennent une grande importance, accompagnant une indépendance accrue vis-à-vis des parents (il sait qu'il est grand et veut être autonome, le parent devient lourd...), et enfin **arrivent les premières relations amoureuses et expériences sexuelles.**

J'aimerais beaucoup insister à ce niveau pour étayer la dernière phrase du paragraphe ci-dessus : relisez-la et écrivez-la juste à côté. C'est d'ailleurs la principale raison pour laquelle je fais bouger ma plume. Il s'agit de comprendre au travers de divers témoignages comment se produisent les premières relations amoureuses et expériences sexuelles chez l'adolescent. Vous voulez certainement comprendre pourquoi ? Mais je pense que la réponse vous l'avez déjà, il vous suffit de fermer les yeux pendant 5 minutes et de penser à votre environnement familial, vos enfants, vos nièces, vos neveux, etc.

Il est important pour vous chers parents de savoir que, les relations amoureuses augmentent en prévalence tout au long de l'adolescence. A l'âge de 15 ans, 53% des adolescents ont eu une relation amoureuse qui a duré au moins un mois selon une étude aux États-Unis. Dans ce pays, en 2002, sur un échantillon de personnes âgées de 15 à 44 ans, l'âge moyen du premier rapport sexuel est de 17 ans pour les hommes et 17, 3 ans pour les femmes. Au Royaume Uni en 2008, 20% des jeunes de 14 à 17 ans interrogés indiquent avoir eu leur première expérience sexuelle à 13 ans. Au Canada, une enquête réalisée en 2003 rapporte que 40% des garçons et 46% des filles de 16 ans déclarent avoir déjà eu une relation sexuelle. En Afrique, le pourcentage est ouvert, on ne peut pas dire avec exactitude, car il change toutes les secondes. Mais au regard de mes observations en milieu scolaire, les jeunes ont leur premier rapport sexuel entre 14 et 16 ans. Plusieurs parents sont de plus en plus laxistes et démissionnaires dans l'éducation de leurs enfants. Les jeunes sont ainsi livrés à eux-mêmes et il est difficile d'arrêter cette sexualité précoce. Il nous suffit d'observer combien les jeunes banalisent leur sexualité aujourd'hui : la croissance des taux de grossesses précoces, les partouzes organisées entre jeunes, le phénomène des vidéos pornographiques enregis-trées par des adolescents dans les salles de classe et publiées sur les réseaux sociaux, etc. On se demande où va la jeunesse ? Que faire ?

Quels sont les besoins de l'adolescent ?

De nos jours, avec la vulgarisation des nouvelles technologies, les enfants possèdent un téléphone de plus en plus tôt, ils sont exposés à internet et à la télévision sans contrôle parental. Ils sont finalement éduqués par tout, sauf leurs parents. Ces derniers ignorent ou ne comprennent pas les besoins de leurs enfants, d'où la perte de leur autorité parental lorsqu'ils sont ados. Peut-être que comprendre à priori leurs besoins pourra vous aider à mieux les cerner et anticiper sur leurs comportements.

Avant d'étayer leurs besoins, explorons les trois étapes de l'adolescence ainsi que leurs caractéristiques.

Les trois étapes de l'adolescence

1. L'ado-naissance : de 11 à 13 ans

L'ado-naissance se vit au lycée en général de la

6ème (autour de 11ans) à la 3ème (autour de 14 ans).

Quelques caractéristiques

- Début de puberté
- Début de la recherche de sa personnalité
- Beaucoup de copains
- Premières sorties et soirées sans parents
- Corps et émotions : à découvrir et à maitriser
- Les interrogations, les questions : vers quoi je suis attirée ?

2. L'adolescence : de 15 à 17 ans

L'adolescence se vit de la classe de 2nde à la Terminale, au lycée, dans les établissements généraux, techniques, industriels, etc.

Quelques caractéristiques

- Achèvement de la différenciation morphologique filles/garçons
- Fin de la puberté

- Crise d'identité : qui suis-je réellement et quel devra être mon rôle dans la société ?
- Relations amoureuses / sexuelles expérimentales
- Attirance sur le thème de la sexualité
- Besoin d'indépendance (sans pouvoir l'assumer entièrement)
- Conflits avec les parents
- Les copains d'abord : la bande
- Petit(e)s copains(ines)
- Mon style
- Ma vocation

3. L'adu-lescence : de 18 à 25ans

L'adu-lescence se déroule à la fois au lycée , dans la classe de Première et Terminale, dans l'enseignement supérieur ainsi que dans le monde professionnels pour certains (stages et/ou premier emploi).

NB : les âges décrits sont à prendre comme simples points de repères et sont donnés à titre indicatif.

- Sexualité indépendante
- Recherche de la stabilité affective
- Réalisation de projets personnels

Quels sont les besoins de l'adolescent ?

En tant que parent, il est primordial de comprendre votre enfant. Connaitre ses besoins et ses attentes, vous permettra de mieux comprendre comment pense votre adolescent et vous aidera à mieux l'accompagner. L'adolescent manifeste sept besoins fondamentaux :

1. **Le Besoin d'affection**

l'affection (amour et amitié) est ce qui importe le plus à l'adolescent, il a besoin d'aimer et d'être aimé.

2. Le Besoin de confiance

La confiance est inconditionnelle et ne se marchande pas. Celui qui reçoit la confiance peut ensuite la donner.

3. Le Besoin de sécurité

Le sentiment de sécurité passe par des repères, des références, des convictions parentales, en aucun cas par l'imposition de limites ou d'interdits, ou par l'autorité, qui ne sont que les expressions de pouvoirs en réalité. La sécurité implique de rassurer, de soutenir constamment l'adolescent.

4. Le Besoin de dialogue

Le dialogue c'est l'échange d'idées, donc de désaccords ; c'est la possibilité de penser par soi-même, c'est penser différemment d'autrui. Le dialogue suppose qu'on soit d'égal à égal avec l'autre. Le dialogue est une réponse préventive à la violence.

5. **Le Besoin d'autonomie**

L'autonomie est le pouvoir de choisir soi-même ses règles de conduite, l'orientation de ses actes, et les risques que l'on est prêt à courir. L'adolescent doit expérimenter pour grandir : il a donc le droit de se tromper.

6. **Le Besoin de responsabilité**

L'adolescent ressent moins le besoin d'être responsabilisé que d'assumer des responsabilités à la fois personnelles et sociales. La responsabilité ramène le sentiment d'utilité.

7. **Le Besoin d'espoir**

Ce besoin manque le plus aux adolescents dans un monde très exigeant qui impose de réussir en classe, réussir en amour, choisir le bon métier…

Qu'est-ce qui trouble le plus fréquemment l'adolescent ?

L'enfant est exposé à de nombreux troubles à la phase d'adolescence. Nous citerons ici les troubles les plus fréquemment rencontrés.

1. La dépression et la dysthymie

La dépression est un trouble qui affecte de nombreux ados. Cette dépression peut être causée par des facteurs différents tels que le souci d'appartenir à un groupe, la faible estime de soi à cause de l'acné, etc.

La dysthymie, différente de la dépression, peut aussi être présente. Ce trouble est une forme légère et en même temps chronique de dépression (périodes durant minimum deux ans). Il génère une altération de l'estime de soi, du sommeil et de l'aptitude à se concentrer.

2. Les Troubles de l'anxiété

Les attentes qu'un adolescent peut avoir ou que les autres peuvent avoir pour lui peuvent le mener à souffrir d'un degré élevé de stress. Dans ce sens Kurt Goldstein disait : *« La peur aiguise les sens. L'anxiété les paralyse »*.

3. L'Anorexie, la boulimie, les compulsions alimentaires

Les critiques à propos de leur corps à l'école et les canons de beauté imposés par la pression médiatique poussent régulièrement les ados à regarder ce qu'elles mangent et aller dans des extrêmes de consommation, soit en trop ou en moins.

Quelquefois, ces troubles sont aussi la manifestation d'un problème plus profond, un traumatisme qui a conduit l'adolescent à se sentir coupable, mal dans sa peau, et à se faire du mal de cette façon. Il est donc assez commun de constater que ces troubles présentent des comportements autodestructeurs.

4. La Phobie sociale

Interagir avec des inconnus ou devoir aller à un endroit rempli de monde peut représenter une véritable peur pour l'ado. Cette phobie peut être causée par des problèmes avec leur corps, le harcèlement à l'école, le besoin d'être accepté tc.

Les différents symptômes se manifestent lorsque l'adolescent se retrouve dans un environnement social ou lorsqu'il anticipe cette rencontre en société. Cela le pousse à se replier sur lui-même et à s'enfermer au domicile familial.

5. Les troubles dyssociaux et négativistes

La personnalité dyssociale ou antisociale est un trouble du comportement qui se traduit par le non-respect des règles, des lois et des normes sociales. Les personnes qui en souffrent éprouvent une indifférence, voire un refus des codes sociaux et culturels.

Il s'agit de comportements qui poussent les adolescents à voler ou à être violent avec les personnes et/ou les animaux. Ce type de comportement peut être un symptôme d'un problème plus grave.

Chapitre 3

QUEL TYPE DE PARENT ÊTES-VOUS ?

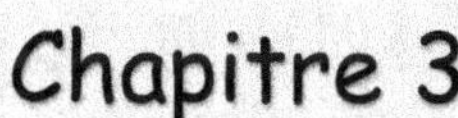

Avant d'examiner les différents types de parentalité, il est primordial de vous connaitre en tant qu'individu.

Qui êtes-vous ?

Si le médecin ne se connait pas, s'il ne maitrise pas son travail, il ne peut pas vous aider. Ceci est similaire à vos rapports avec vos enfants ; vous êtes le médecin et vos enfants sont les patients. A la seule différence que c'est à vous d'aller vers vos enfants, c'est à vous de connaitre le processus d'éducation et de les enseigner à chaque stade de leur développement. Pour y parvenir, vous devez-vous connaitre vous-même, connaitre votre histoire et celle de vos parents. Vous devez enfin maitrisez le contexte actuel dans lequel vous et vos enfants évoluez. C'est dans le même sens que Karl Marx déclarait que *« celui qui ne connait pas l'histoire est condamné à la revivre »*.

Alors, il est essentiel de faire des efforts pour en apprendre plus sur vous, et travailler sur votre mentalité et votre stature de parent. Vous devez faire des recherches sur vos parents pour comprendre pourquoi vous avez été éduqués de telle ou de telle autre façon. Mon père me disait toujours *« ton grand père en mourant m'a dit : je ne te laisse pas les biens matériels, encore moins l'argent, mais la plus grande richesse que je te laisse ce sont les êtres humains, cette grande famille sur laquelle tu dois veiller »*. Je trouve cette affirmation assez puissante parce que la valeur humaine porte tout son sens. En Afrique, vous savez ce que la famille représente, vous savez ce qu'on veut dire quand on dit *« on a les gens »*. Vous savez tout le sens que porte l'affirmation *« on a les enfants »*.

Les types de tempérament

Il semble souvent plus simple de connaître un proche que de se connaître soi-même. Savoir qui vous êtes est le premier pas vers la connaissance des autres. Il est bien de se connaître d'abord sur le plan humain et ensuite en tant que parent. En effet, de votre tempérament se dégage votre style parental. Alors, n'hésitez pas à demander à plusieurs proches de lire ces descriptions pour vous aider à trouver quel est votre tempérament dominant. Je vous présente d'abord la théorie des tempéraments d'Hippocrate, ensuite le test proprement dit.

1. Le tempérament lymphatique ou flegmatique

Sur le plan physique

Le flegmatique est épais, rond, décontracté, relâché, regard doux, les muscles mous, la chair flasque.

Sur le plan psychologique

C'est un personnage très peu émotif, difficile à impressionner et qui fait preuve d'un sang-froid remarquable dans la plupart des situations. Il s'adapte à tout. Il parle peu mais quand il dit quelque chose, cela vaut beaucoup de l'écouter. Il est ponctuel, il possède de bonnes qualités d'organisation et une grande patience. Il sait aller au bout des choses mais à son allure, qui est plutôt nonchalante.

Ses défauts

La négligence, l'indifférence, il n'apporte pas de changement ni ne prend de décision. C'est un suiveur, assez paresseux, qui sait étouffer l'enthousiasme des autres.

2. Le tempérament sanguin

Sur le plan physique :

Le sanguin est un personnage massif, imposant, solide et tonique. Il a les muscles pleins, des formes harmonieuses. Son regard est vif, direct et chaleureux.

Sur le plan psychologique :

C'est un personnage extrêmement sociable, recherchant le contact avec ses semblables et ayant besoin de nombreuses relations. Il est d'une nature cordiale, généreuse et optimiste. C'est le type même du bon vivant, enthousiaste et amoureux des plaisirs de la vie.

Ses défauts :

L'exagération, la vantardise, bavard, il écoute peu ou pas.

3. Le tempérament bileux ou colérique

Sur le plan physique :

Le bileux est tout en muscles, avec une apparence tonique, énergétique. Son regard est droit, perçant et autoritaire.

Sur le plan psychologique :

C'est un personnage volontaire, qui aime se donner des buts et déployer des efforts pour les atteindre, il sait prendre le commandement et il est suivi. Il a un sens aigu des responsabilités, beaucoup de discipline, de courage, ce qui fait de lui un entrepreneur, un décideur très convaincant. Il aime décider, diriger et est ambitieux. Il aime bien changer les règles en mi-chemin et n'aime pas le prévisible.

Ses défauts :

La colère, la dureté, la tyrannie, l'impatience, le cynisme. Il ne néglige rien et fait tout, tout seul. Il est le sauveur du monde et a toujours raison. Il peut devenir violent et orgueilleux.

4. Le tempérament nerveux ou mélancolique

Sur le plan physique :

Il est plutôt mince et petit. Il a des muscles anémiés. Son regard est inquiet et tourné vers l'intérieur.

Sur le plan psychologique :

C'est un personnage intellectuel, doté d'un sens critique très développé et d'un bon esprit d'analyse. Il travaille dans la précision et la minutie. Il adore faire des listes et les réalise. Chaque chose a sa place, il aime bien ranger. Il est humble et modeste, très émotif, il a besoin de se protéger des autres sur le plan relationnel.

Ses défauts

La susceptibilité, l'anxiété, l'irritabilité sont manifestes chez lui. Il est très rancunier et n'aime pas l'imprévisible. Il sait également manipuler très subtilement, presque avec perversité.

Quel est votre tempérament et celui de votre enfant ?

Nous ne sommes pas toujours les même en fonction du contexte dans lequel nous évoluons. Bien souvent, nous jouons un rôle dans le milieu professionnel, nous portons un masque. Or, nous sommes nous-mêmes dans le milieu personnel ou familial. Il peut arriver que nous soyions les mêmes dans chacune de ces situations, bien que notre « moi profond » soit fréquemment différent de notre « moi social », et ce pour notre plus grand bien.

Quel est le tempérament de votre enfant ? Examinez les différents points évoqués et trouvez le tempérament de votre enfant. Vous pourrez ainsi comprendre pourquoi il fait certaines choses. Sachez que les défauts mentionnés dans ces caractéristiques peuvent être améliorés autant chez vous que chez vos enfants. Adaptez le traitement que vous accordez à chacun de vos enfants en fonction de leurs personnalités.

Test des tempéraments

Ce test[27] vous permet de mieux vous connaitre. Pour chaque trait de caractère notez :

- 0 si cela ne me correspond pas
- 1 si cela me concerne un peu
- 2 si cela me correspond assez
- 3 si c'est marquant dans ma personnalité.

Essayez d'être le plus objectif possible et même de remplir ce questionnaire avec l'aide d'une ou deux personnes qui vous connaissent bien.

---

[27] Test tiré du site :
https://is.muni.cz/el/1421/jaro2012/FJIB503a/test-de-temperament.pdf

Pour chaque tempérament, additionnez les points.

Si vous comptabilisez + de 35 points pour un tempérament, celui-ci est fort. Si vous comptabilisez entre 25 et 35 points, le tempérament est marqué.

Si vous comptabilisez moins de 20 points pour un tempérament celui-ci est négligeable.

Prenez surtout en compte les tempéraments forts et marqués.

Plus une personne est spirituelle et mature, plus elle a d'aspects positifs et moins d'aspects négatifs dans sa personnalité.

Tempérament mélancolique	0	1	2	3	Tempérament flegmatique	0	1	2	3
Judicieux, perspicace					Calme, sang-froid				
Discret, réservé					Décontracté, détendu				
Analytique, observateur					Responsable				
Sensible, attentif					Efficace				
Psychologue					Conservateur				
Perfectionniste					Modéré, tempéré				
Esthète					Raisonnable				
Idéaliste					Pratique, pragmatique				
Sincère, vrai					Sûr, de confiance				
Dévoué, attentionné					Pacifiste				
Fidèle					Econome				
Artiste, créatif					Prudent				
Triste					Peureux				
Egocentrique					Avare				
Rabat-joie					Indécis				
Timide					Spectateur				
Empoté					Egoïste				
Froid					Non motivé				
Critique					Taquin, plaisantin				
Rancunier					Inactif, indolent				
Rigide					Indifférent, insensible				
Replié sur soi					Lent, endormi				
Inquiet					Moqueur				
Pessimiste					Paresseux				
Total					**Total**				

Tempérament sanguin	0	1	2	3	Tempérament colérique	0	1	2	3
Loquace, causant					Très volontaire				
Optimiste					Très déterminé				
Enthousiaste					Autonome				
Chaleureux, hospitalier					Optimiste				
Sympathique, aimable					Pratique, débrouillard				
Compatissant					Productif, travaille vite et bien				
Insouciant					« Leader », esprit d'entreprise/de meneur, de chef				
Direct, franc					Confiant, sûr de soi				
Sensuel (plaisir des 5 sens)					Dynamique, énergique				
Sincère, vrai					Aventureux, courageux				
Expressif					Actif, vif				
Réceptif, sensible					Infatigable				
Impulsif					Indépendant, solitaire				
Faible de volonté					Fougueux, emporté				
Instable					Irréfléchi				
Indiscipliné					Dur, sévère				
Agité					Impatient				
Irresponsable					Rusé				
Egoïste					Insensible				
Braillard					Coléreux				
Exagérateur, excessif					Ironique				
Dépensier					Cruel, méchant				
Retardataire					Moqueur				
Dispersé, éparpillé					Orgueilleux				
Total					**Total**				

La personne colérique a énormément de volonté ; quand elle est décidée, rien ne l'arrête. Elle agit seule, se débrouille, a de l'énergie à revendre, ne tient pas en place…

Elle n'a peur de rien et ne se décourage pas facilement. Elle se démarque comme « leader », peut paraître autoritaire, sévère et dure. Pour arriver à ses buts, elle est capable de marcher sur les autres, sans aucune pitié, d'user de ruse et de méchanceté.

Si quelqu'un barre sa route, elle peut entrer dans une colère folle car elle a peu de patience et préfère agir seule que d'attendre les autres.

La personne sanguine est passionnée, elle est positive et croque la vie à pleines dents ! Elle se fait beaucoup d'amis car elle est sincère, chaleureuse et conviviale. Elle parle à tout le monde et peut-être même trop car elle s'emballe vite. Par ailleurs, elle peut sembler agitée, trop vive dans ses réactions et ses paroles. Voulant profiter de la vie, elle papillonne dans tous les sens, sans soucis ; elle dépense son argent sans compter et partage avec les autres.

La personne mélancolique a un sens élevé du

discernement ; elle comprend vite et bien les gens qui l'entourent. Fidèle et dévouée, elle se sacrifie pour les autres et les aime sincèrement et tendrement. Elle est attentive et sensible à leurs besoins tout en se montrant discrète.

Elle aime ce qui est beau, elle a du goût, de la créativité et de l'imagination. Elle est sensible à l'art aussi bien qu'à la musique, le dessin ou l'écriture… Elle est rêveuse et contemplative mais à force de trop cogiter, elle peut sombrer dans la morosité et la nostalgie.

La personne flegmatique est calme et paisible, elle garde son sang-froid en toutes occasions et a le sens des responsabilités. Elle est sérieuse, raisonnable ; on peut compter sur elle car elle est besogneuse. Pourtant, elle peut sembler molle et endormie, paresseuse. On doit donc la pousser et l'encourager pour qu'elle aille de l'avant et prenne des décisions.

Bien que la peur la paralyse souvent, elle sait aussi se montrer taquine et moqueuse.

Quel type de parent êtes-vous ?

Le style parental est un concept de psychologie qui désigne les conduites ou groupes de conduites que les parents utilisent pour élever leur enfant, et qui influencent les résultats de l'enfant.

Le psychanalyste Freud, dans ses écrits, soutient que les sentiments des parents influencent les enfants. Les premiers modèles théoriques de l'époque étaient unidirectionnels : les émotions impliquées dans les relations parents-enfants expliquaient les attitudes, qui influençaient les comportements. Aussi, les travaux de Bowly, puis de Mary Ainsworth, autour de la théorie de l'attachement, valident la notion de l'importance des liens affectifs précoces entre le parent (souvent, mais pas exclusivement, la mère) et le nourrisson ou le jeune enfant. Un ensemble d'études a montré que les nourrissons et les jeunes enfants ayant développé un attachement sécurisant ont moins de risques de développer des troubles émotionnels et du comportement dans la suite de leur développement.

Diana Baumrind, psychologue clinicienne, s'inspire des techniques de la sociologie pour mesurer les systèmes de croyances des parents dans le contexte de leurs conduites parentales. Madame Diana, dans ses recherches initiales, a observé 103 enfants d'âge préscolaire. Elle a mené des entrevues, fait des observations dans les milieux familiaux et a fait passer des tests. Elle a dégagé huit styles parentaux statistiquement associés à des types de comportements sociaux chez l'enfant. Trois styles parentaux dominaient : les parents autoritaires, les parents permissifs, les parents démocratiques ou directifs. Eleanor Maccoby et John Martin ont proposé un quatrième style de parent : les parents négligents et distants.

1. Le style parental démocratique ou directif

Un style parental démocratique est le résultat d'une forte réactivité parentale et de fortes exigences parentales. Le parent démocratique est donc exigeant et réactif. Selon Diana Baumrind, les parents démocratiques : *« (...) surveillent et communiquent des normes claires pour la conduite de leurs enfants. Ils sont assertifs, mais pas envahissants. Leurs méthodes disciplinaires sont encourageantes plutôt que punitives. Ils veulent que leurs enfants soient assertifs tout autant que socialement responsables, et qu'ils soient auto-disciplinés tout autant que coopératifs »*[28].

Le style parental démocratique semble le plus souvent associé à de bons résultats auprès des enfants. C'est le plus répandu aux États-Unis où ont eu lieu les premières observations de Baumrind dans les familles de classe moyennes et d'origine européenne.

Les parents démocratiques peuvent comprendre comment leurs enfants se sentent, et leur apprennent à réguler leurs émotions. Malgré leurs fortes attentes à l'égard de la maturité de l'enfant, ces parents sont généralement prompt à pardonner d'éventuelles lacunes. Ils aident souvent leurs

---

[28] Baumrind,1991, p.62

enfants à trouver des solutions à leurs problèmes, ils encouragent leurs enfants à être indépendants mais tout en continuant à imposer des limites à leurs actions. Ils essaient de se montrer chaleureux et soutenants envers leurs enfants. Les parents démocratiques vont définir des normes claires pour leurs enfants, ou encore surveiller les limites qu'ils fixent tout en permettant à leurs enfants de développer une autonomie. Les punitions pour mauvaises conduites sont mesurées et cohérentes, ni arbitraires, ni violentes. Souvent, les comportements ne sont pas punis, mais les conséquences naturelles du comportement sont explorées et discutées avec lui, permettant ainsi à l'enfant de voir que le comportement est inapproprié et ne doit pas se répéter. Je vous invite à présent à faire un tour dans une famille.

Cas pratique1 : Les Parents démocratiques de Sankara

Chez Sankara, certaines règles sont imposées par ses parents et d'autres sont co-constituées en famille. Une fois par mois, ils se réunissent dans la cour pour parler des règles, du départ de l'école, des activités du weekend, etc. Ils appellent ça « le conseil de famille » ! Quand Sankara n'est pas d'accord avec une décision, elle peut émettre son point de vue et donner son avis. Ses parents l'encouragent à discuter et à trouver les solutions par elle-même. Ils l'invitent à expérimenter, découvrir et faire seule, comme une grande. Elle a la liberté de développer son potentiel et ses talents dans un cadre bienveillant et structurant.

Ses émotions sont écoutées et accueillies par ses parents. Elle peut parler librement de ses états d'âme. Les limites sont claires et Sankara n'est pas tentée de les franchir, puisque c'est elle-même qui les a fixées en famille.

Les avantages

- Sankara a suffisamment confiance en elle pour tester et découvrir
- Sankara sait qu'elle peut compter sur l'amour inconditionnel de ses parents
- Sankara a la capacité de trouver les solutions à ses problèmes
- Sankara peut exprimer librement ses émotions
- Sankara accepte beaucoup plus facilement le « non » puisqu'on lui explique pourquoi
- Sankara se sent aimée pour ce qu'elle est

Les inconvénients

- Les parents de Sankara mobilisent beaucoup de temps et d'énergie pour leur

fille (mais n'est-ce pas là, la base de notre métier de parent ?)

2. Le style parental autoritaire

Les parents préconisent l'obéissance et le respect des règles familiales, mais ils accordent peu de place aux dimensions affectives et relationnels. Ils considèrent que les enfants et les adolescents doivent se plier aux règles qu'on leur impose et adoptent des mesures disciplinaires punitives en cas de transgression. On recourt peu au dialogue, car ces parents sont d'avis que l'enfant doit se conformer aux exigences parentales sans discuter. A présent, allons faire un tour dans la famille autoritaire de Nkruma.

La famille autoritaire de Nkruma

Chez Nkruma, ce sont **les parents qui décident**, les enfants n'ont pas leur mot à dire. Ils régissent et contrôlent la vie de Nkruma puisque ce sont eux les adultes. Maman décide comment Nkruma doit s'habiller, quelles activités il doit mener et papa exige qu'il finisse son assiette de « Gari[29] » avant d'aller à l'école. Ses parents exigent et Nkruma exécute…ou pas ! Ce qui engendre des conflits, parfois une petite fessée matinale avec un gros bâton qui traine dans la cour. C'est là qu'on entend toutes sortes d'injures : *« tu as ressemblé à ta mère ! »*, *« quand les femmes accouchent les enfants, moi je vais dire que j'ai accouché quoi ? » « regarde-moi le machin là ! », « j'attends ton bulletin ! sinon tu vas aller fréquenter au village ! »*

Les règles sont strictes et Nkruma les connaît bien (même s'il n'est pas d'accord avec certaines d'entre elles). Chez Nkruma, on accorde **peu d'importance aux émotions**. Qu'elles soient agréables ou non : *« on ne fait pas de caprices ! »*

---

[29] Gari : un plat local fait à base du tubercule de manioc

« *Personne ne gère ça mon frère !* », « *on n'explose pas de joie devant tout le monde ! un peu de tenue quand même !* ». Les sentiments ne sont pas exprimés, si bien que Nkrumah ne sait même pas si sa maman ou son papa l'aime puisqu'ils ne lui ont jamais dit ! Il s'en doute quand même un peu…

Les avantages :

- Les parents de Nkruma ne perdent pas de temps à discuter sur les règles puisqu'elles sont immuables
- Le cadre apporte des repères et de la sécurité dans la vie de nkruma

Inconvénients :

- Nkruma n'a pas envie de respecter les règles parce qu'ils les trouve inutiles
- Nkruma est coupé de ses émotions, il peut difficilement exprimer sa tristesse et sa joie
- Nkruma manque de confiance en lui puisqu'il n'est pas considéré comme une personne capable de prendre des décisions

- Nkruma éprouve de la colère envers ses parents qui ne le laissent pas s'exprimer
- Nkuma emmagasine de la frustration qu'il pourra transporter dans ses relations futures.

3. Les parents permissifs

Les parents permissifs essayent d'être amis avec leurs enfants et ne jouent pas un rôle parental. Les parents permissifs permettent aux enfants de prendre leurs décisions et leur donnent des conseils comme un ami ferait. Les attentes quant à l'enfant sont très faibles, il y a peu de discipline. Les parents permissifs ont parfois tendance à donner à leurs enfants ce qu'ils veulent dans l'espoir qu'ils soient appréciés pour leur style accommodant. Certains parents permissifs veulent offrir à leurs enfants la liberté et les biens matériels dont ils ont manqué dans leur enfance. Je vous présente enfin la famille permissive de UM.

La famille permissive de UM

Chez Um, c'est beaucoup plus cool ! il n'y a quasiment pas **de règles** ou alors des règles peu claires et facilement contournables. Um a une **grande liberté,** elle peut faire ce qu'elle veut, quand elle veut, c'est elle qui décide. Quand Um fait son cinéma, maman cède à chaque fois, par conséquent elle en profite un peu ! Elle sait qu'en se mettant à pleurer, à bouder elle aura ce qu'elle veut. Les parents de Um sont à l'écoute des émotions de leur fille quand ils sont disponibles. Pour autant, ils se sentent parfois démunis face aux comportements de Um qui pense que tout est permis.

Les avantages :

- Um est libre d'expérimenter et d'apprendre comme elle le souhaite
- Um est très autonome pour son âge
- Ce sont des enfants assez créatifs, car les enfants ont moins de limites et passent beaucoup de temps à faire ce qu'ils aiment, ce qui les passionne.

Les Inconvénients :

- Um n'a pas de repères, elle se sent parfois en insécurité
- Um a des comportements que l'on juge « d'enfant de bobo » (enfant gâté).
- Comme elle n'a pas de cadre ou de limites à la maison, Um a du mal à respecter ceux de l'école
- Um se prend parfois pour l'adulte avec des responsabilités qui ne sont pas les siennes
- Um se sent parfois seule, comme abandonnée

- Um peut précocement expérimenter les relations amoureuses et sexuelles puisqu'ellel est en quête d'affection

Vous le remarquerez, j'ai mis l'emphase volontairement sur ces portraits de familles, le but étant de rendre les explications plus concrètes et digestes. Vous ne serez donc pas étonné d'apprendre que les travaux de Dianna et d'Eléonore Maccoby ont conclu que le style parental démocratique est de loin le plus propice à l'épanouissement de nos enfants. En effet, les styles parentaux autoritaires et permissifs ont des effets négatifs à long terme sur les enfants : manque ou excès de confiance, rébellion, repli sur soi, rancœur, etc.

Le style démocratique quant à lui favorise la réussite sociale, scolaire et développe un sentiment de bien-être.

L'éducation positive n'est pas laxiste

On pense souvent à tort que l'éducation positive est laxiste et permissive et que l'on cède tout aux enfants. En réalité, il n'en est rien, on reconnait simplement à l'enfant sa capacité de jugement et de décision, on le laisse faire ses propres expériences tout en l'accompagnant, on le laisse apprendre de ses erreurs. Les règles quant à elles sont bien présentées, elles sont justes et connues de l'enfant.

Ce que je vous conseille après avoir fait le travail sur vous en tant que parent, après avoir identifié le style parental que vous avez, vous devez chercher à connaitre qui sont vos enfants, leur personnalité en l'occurrence, parce que chaque style peut être plus ou moins adapté à l'enfant, à son degré de maturité, à sa volonté de collaborer ou à certains contextes. Il est possible et souhaitable que vous adaptiez votre style, selon chaque enfant et selon son âge. Ce que l'on souhaite, c'est le développement harmonieux de l'enfant : qu'il soit respectueux mais autonome, responsable, confiant et persévérant. **A vous de choisir votre camp.**

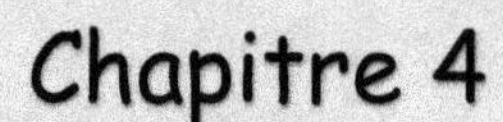

Chapitre 4

COMMENT AVOIR DES RAPPORTS DE QUALITÉ AVEC LES ADOS ?

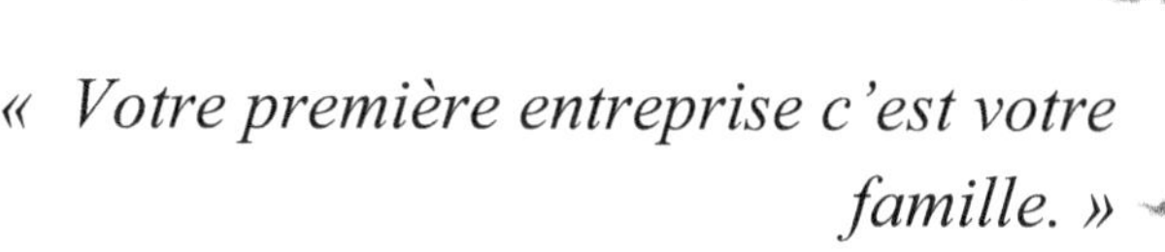

Je partagerai ici avec vous, parents, quelques clés pour améliorer ou avoir de bons rapports avec vos ados. Elles ne sont pas exhaustives.

1. La connaissance de soi et les soins personnels

Comme nous l'avons évoqué plus tôt, les parents doivent impérativement se connaitre eux-mêmes. Cette connaissance personnelle vous permet de savoir comment vous gérer et ensuite comment gérer vos enfants.

Il s'agit ensuite de prendre soin de vous-même, car mieux on prend soin de soi, mieux on peut s'occuper des autres. Contrairement à ce que de nombreux parents pensent, ce n'est pas en vous négligeant pour vous consacrer totalement à vos enfants que vous êtes de meilleurs parents. C'est plutôt le contraire : tout commence par vous.

Prenez soin de vous psychologiquement, émotionnellement, moralement, spirituellement. N'oubliez surtout pas que vos enfants vous observent et s'inspirent de vous. Ne soyez pas le parent qui dit *« fais ce que je dis, ne fais pas ce que je fais »,* cela ne porte pas de bons fruits avec les ados.

2. Connaitre ses enfants

La présentation des différents tempéraments vous ont aidé à mieux connaitre vos enfants et à cerner leur personnalité. Allez plus loin : observez-les quotidiennement, notez ce que vous constatez. Identifier leurs talents et aidez-les à les développer et surtout valorisez-les sans cesse.

3. Établissez une vision familiale

Souvenez-vous que la première entreprise que Dieu vous donne c'est votre famille. Quels sont vos objectifs pour l'année concernant votre famille ? Qu'avez-vous planifié ? Considérez votre famille comme une entreprise qui a un PDG, le père ; un Directeur adjoint qui est la mère ; les enfants sont les différents cadres de l'entreprise.

Mettez sur pied votre vision, vos objectifs pour votre famille cette année. Intégrez tous les membres de la famille, de « l'entreprise » dans a mise en place.

Expliquez clairement à chaque enfant son rôle et ses responsabilités, faites comprendre à chacun quelle est son importance capitale pour le bon fonctionnement de « l'entreprise ».

Exemple 1 : <u>la famille loyale</u>

Vous pouvez décider qu'en 2021 votre famille doit être reconnue pour sa loyauté. Qu'elle doit être pratiquée entre parents/enfants et frères/sœurs. Vous devez fixer les règles pour pratiquer à chaque fois la loyauté par tous, vous votez ensemble les sanctions lorsqu'elle est bafouée et les récompenses lorsqu'elle est respectée.

Exemple 2 : <u>La famille valorisante</u>

Vous pouvez décider qu'en 2022 vous serez la famille reconnue pour ses paroles valorisantes. Chaque membre devrait utiliser des paroles valorisantes vis-à-vis de chacun (parent/enfant et frère/sœur). Cela doit s'appliquer même en cas d'échec scolaire ou d'une indiscipline commise à la maison. Au lieu de dire par exemple « tu es nul », dire plutôt « tu peux faire mieux ». Au lieu de « tu es un échec » », dire plutôt « tu es un champion, les champions tombent et se relèvent ».

4. Encourager le dialogue et montrer qu'on les aime

Ici, vous devez connaître le langage d'amour de chacun de vos enfants pour être en harmonie avec lui. Chaque enfant est différent et parle un langage d'amour qui lui est propre. Gary Chapman, auteur du livre **Le langage d'amour des enfants** propose à cet effet aux parents 5 langages d'amour qui s'expriment au travers des cadeaux, des services rendus, des moments de qualité, des paroles valorisantes et des câlins.

Vous devez pouvoir passer du temps avec vos enfants, les écouter pour être à même d'identifier le langage d'amour qui correspond le mieux à chacun.

Au-delà des moments ensemble, passez des moments de qualité individuels avec chaque enfant.

5. Respecter l'intimité de vos ados et faire confiance le plus possible

Essayez de vous rappeler votre propre adolescence. Nous avons tous fait des bêtises à un moment donné de notre croissance, mais était-ce vraiment dramatique ? On ne fouille pas dans la chambre, on ne lit pas leur journal intime, leurs textos ou leurs conversations sur les réseaux sociaux.

6. Laissez aux ados les libertés

Par exemple, on peut leur donner la permission de gérer leur heure de coucher eux-mêmes à condition qu'ils se lèvent tôt le matin, fassent les tâches ménagères et arrivent à l'école à l'heure.

7. Organiser les weekend-débat

Les weekend-débat à la maison sur une thématique, où chacun donnera son point de vue, est une activité très intéressante et enrichissante. Il s'agit ici d'aborder les sujets importants. Échangez avec eux sur tous les sujets : rien n'est tabou et rien n'est trop gênant. Échangez sur la sexualité, les mauvaises fréquentations, la toxicomanie et autres dépendances, les réseaux sociaux, la place de l'argent, etc. Ils seront peut être mal à l'aise avec certains sujets et ne voudront pas discuter avec vous. Mais votre implication leur montrera que vous prenez à cœur la situation. Exemple : choisissez ensemble une date par mois avec un thème. Chacun fait des recherches et exposez les lors du week end-débat.

8. Connaitre les amis de vos enfants

En tant qu'ado, le groupe prend une grande importance dans la vie de l'enfant. A cette période, l'adolescent recherche ses repères et veut s'identifier à ses semblables, il va ainsi avoir tendance à plus se confier à ses amis car il s'identifie en eux. Pour lui, ils vont certainement mieux le comprendre , contrairement au parent qui est différent de lui et lui rappelle plus une figure d'autorité .

Appartenir à un groupe ou avoir des amis n'est pas mauvais en soi, au contraire, cela permet l'intégrations sociale de l'enfant. Mais en tant que parent, vous devez veiller aux valeurs inculquées et partagées dans ce groupe.

Je recommande personnellement aux parents de rencontrer les amis de leurs enfants ainsi que les parents de ceux-ci. Invitez les, échangez avec eux, créez un lien. Cela vous permettra de mieux encadrer la relation entre votre enfant et ses amis.

9. Travaillez en collaboration avec les enseignants de vos enfants

Il s'agit pour les parents d'aller à l'école afin de demander aux enseignants comment leurs enfants se comportent en milieu scolaire. Le parent doit établir un lien avec l'enseignant, qui est le relais dans l'éducation de son enfant. Et en tant que tel, il y a des informations que l'enseignant aura sur votre enfant qu'en tant que parent vous n'aurez pas, car il voit et suit votre enfant dans un univers différent du votre et auquel vous n'avez pas accès. Il peut ainsi vous aider à mieux le connaitre.

L'enseignant peut donc vous aider en tant que parent à avoir de meilleures pratiques éducatives, positives et saines pour l'éducation de votre enfant.

Si ça dégénère malgré tout

Lorsque vous avez mis en application tous les points précédents et que votre ado fait une crise de comportement, cherchez de l'aide à l'extérieur. Le rapprochement avec les enseignants vous sera d'une grande aide dans ce cas. Contactez également les psychologues scolaires, les conseillers d'orientation afin de mettre ensemble sur pied des stratégies pouvant aider l'adolescent à sortir de la mauvaise passe qu'il traverse ou à retrouver une bonne conduite.

LE MOT À PAPA

Cher papa,

Je viens respectueusement vers toi solliciter ton attention, ton assistance, ta présence auprès de maman pour éduquer l'enfant que je suis. Je sais que le travail te prend beaucoup de temps, mais j'ai aussi besoin de toi, j'ai besoin de tes conseils. Maman ne peut pas tout faire seule, les filles lui prennent assez de temps. J'ai envie de faire du sport avec toi, manger avec toi, te présenter mes amis. Mais comme tu rentres tard, tu es fatigué. Tu voyages tout le temps, et par conséquent, je me renferme car je n'arrive pas à te parler.

Merci à tous les papas qui scolarisent leurs enfants, mais nous avons plus besoin de vous. Nous voulons des papas présents,

Nous voulons des papas pas violents,

Nous voulons des papas qui aiment nos mamans,

Nous voulons des papas qui jouent avec nous,

Nous voulons des papas qui nous accompagnent à l'école,

Nous voulons des papas qui prient avec nous,

Nous voulons des papas qui nous font des câlins,

Nous voulons une famille unie, arrêtez de vous quereller

maman et toi, cela nous traumatise.

LE MOT DE LA TATA DES ADOS

Le papa est le chef de l'institution divine qui est la famille. C'est au papa que Dieu remet le bâton de commandement pour que la famille fonctionne au mieux. Papa, tu dois être impliqué.

Si tu es un papa et tu as reçu ce mot, je te prie de prendre le temps qu'il faudra pour examiner la relation avec tes enfants, si elle est correcte, je t'encourage à continuer, si elle est mauvaise je t'encourage à prendre une feuille et un stylo et à écrire cette lettre d'engagement :

MA LETTRE D'ENGAGEMENT EN TANT QUE PAPA

Je suis un papa présent.

Je me pardonne toutes les fois où je n'ai pas été là, je conduis mes enfants selon le chemin de la Vérité.

J'accepte la responsabilité de chef de famille que Dieu m'a donné.

Je suis le modèle pour mes enfants, j'écoute mes enfants, et je partage avec eux mon expérience afin qu'ils évitent mes erreurs.

Je travaille en étroite collaboration avec mon épouse pour un meilleur résultat.

Je reconnais tout enfant que j'ai abandonné consciemment ou inconsciemment.

Mes enfants sont fiers de moi.

Ma femme est fière de moi.

Ma famille est fière de moi.

Mon Dieu est fier de moi.

PRIÈRE DES PARENTS

Voici un exemple de prière que vous pouvez faire en tant que parents pour vos enfants. Adaptez la selon votre inspiration.

(Imposez les mains à vos enfants pendant cette prière)

Au nom du Père, du Fils et du Saint-Esprit,

Seigneur Dieu, Père Tout puissant, tu nous as fait don d'avoir des enfants, et tu nous as confié le soin de leur éducation,

Entre tes mains, nous remettons leur avenir,

Garde les du mal , protège les contre les dangers,

Soutien les dans la tentation,

Rends les fermes dans la foi,

Persévérants dans la prière,

Et sans reproche dans la conduite de leur vie.

Viens aussi à notre secours pour que notre comportement ne soit jamais cause de scandale, mais lumière qui les conduit au bien,

Accorde nous la grâce de toujours connaitre la joie auprès d'eux, et enfin, après cette vie terrestre, daigne nous réunir tous auprès de toi dans ton prochain paradis.

Amen

LA PRIÈRE DE MAMAN

Voici un exemple de prière que vous pouvez faire en tant que maman pour vos enfants. Adaptez la selon votre inspiration.

Seigneur, merci pour la grâce que tu me fais d'être une mère,

Seigneur, je te confie la garde de mes enfants, parce que seule je ne peux pas,

L'argent, les maisons, l'héritage ne pourra pas les protéger quand le mal surviendra, mais toi seul,

Je remets entre tes mains le nom de mes enfants,

Grave les profondément en toi,

Afin que rien ni personne ne puisse les enlever,

Protège les chaque fois que je suis contrainte de lâcher leur main,

Que ta force soit toujours plus grande que leur faiblesse,

Je ne te demande de leur épargner tout chagrin, mais d'être leur consolation lorsqu'ils seront seuls ou dans la peur,

Garde mes enfants dans ton alliance en ton nom,

Ne les laisse jamais s'éloigner de toi à aucun moment de leur vie,

Seigneur, je remets le nom de mes enfants entre tes mains et je te demande de les libérer de tout mal et de les bénir (citez le nom de chaque enfant et faites vos souhaits à ce moment pour chacun d'eux),

Au nom de Jésus,

Amen.

Chers parents et futurs parents, chers ados, chers lecteurs, il me tenait à cœur de vous raconter ces histoires car elles sont réelles. Chacun d'entre nous peut en tirer de nombreuses leçons. Je n'ai fait qu'évoquer quelque cas, et je sais que plusieurs d'entre vous s'y sont retrouvés, autant les ados que les parents.

Le but n'était pas de vous faire mal et encore moins de vous faire vous remémorer un passé douloureux. J'essaie juste de vous faire prendre conscience de la période d'adolescence chez nos enfants. C'est un moment assez sensible, ils vivent sous votre toit et ils traversent des choses que vous ignorez. Les conséquences sont souvent visibles à l'âge adulte, et vous n'y comprenez rien, eux également ne le comprennent pas parfois, et ne font pas le lien. Pourtant, quelque chose s'est passé à l'âge adolescent, voire dans la petite enfance.

Je comprends que les conditions sociales et économiques dans nos sociétés ne sont pas faciles, d'où la recherche de l'argent par les deux parents. Je suis d'accord avec votre esprit entrepreneurial et battant. Cependant, si cela se fait au détriment de l'éducation de vos enfants cela pose problème. Vous allez affirmer que vous cherchez l'argent pour eux. Oui, en effet. Mais moi, je vous dis que si votre activité vous empêche :
- d'être là pour vos enfants,
- de communiquer avec eux le soir quand vous rentrez afin de savoir comment ils ont passé leur journée,

- d'aller de temps à autre à l'établissement de vos enfants pour en savoir plus sur leur vie à l'école,
- d'avoir des moments de qualité avec vos enfants, de les écouter, de les comprendre, de les accompagner, bref de les aimer tout simplement,

Alors reposez-vous les bonnes questions telles que :

- Quel avenir je veux pour mon enfant ?
- Qu'est-ce que mon enfant pense réellement de moi ?
- Qui prend ma place de parent quand je ne suis pas là ?
- Qu'est-ce que mon enfant écoute ?
- Qu'est-ce qu'il regarde à la télé en mon absence ?
- Avec qui il marche ?

Lorsque vous avez les réponses à ces questions, vous pouvez évaluer votre présence, votre apport dans votre rôle de parent à l'égard de vos enfants.

Je pense, et j'espère que vous êtes d'accord avec moi que nos enfants sont la relève, et nous sommes le modèle. Si l'individu se sent mal à la maison, qui est la base, alors c'est la société qui est handicapée. C'est pour cette raison que j'affirme sans risque de me tromper que **le développement de l'Afrique se fera avec la stabilité des familles.** Ne l'oubliez pas, Dieu tient à la postérité et posera la question à chaque parent sur son rôle. **Et vous ? Que Lui répondrez-vous ?**

« Seigneur, soit l'architecte de ma maison ».
Carine Thérèse NDOM